EDAF
MADRID

RUBEN DARIO

ANTOLOGIA POETICA

Con Introducción de F. Abad

BIBLIOTECA EDAF

122

© EDAF, Ediciones-Distribuciones, S. A.
Jorge Juan, 30. — Madrid, 1981.

Depósito Legal: M.43.538-1.996
I.S.B.N.: 84-7166-621-9

PRINTED IN SPAIN   IMPRESO EN ESPAÑA

Gráficas COFÁS, S. A. - Pol. Ind. Prado Regordoño - Móstoles (Madrid)

INDICE

7

INDICE

CANTOS DE VIDA Y ESPERANZA, LOS CISNES Y OTROS POEMAS
(1905)

INDICE

INTRODUCCION

I

Unamuno y Rubén Darío son nombres de la generación del noventa y ocho y el modernismo, que es la de los autores nacidos entre 1861 y 1875. En un marco más amplio, hay que inscribirlos en la serie de la lírica moderna española; entendemos por tal la que va de 1871 a 1927, por poner dos fechas-límite simbólicas (la primera, la de la publicación unitaria de las rimas becquerianas). Esta serie poética, a su vez, constituye la principal veta de la creación lírica en todo el período de la Edad de Plata (1868-1936).

Creemos que uno de los sustratos comunes a esta tradición de poesía es el Simbolismo, apuntado ya fragmentariamente por la crítica en composiciones y autores distintos; converge con él el *prerrafaelismo* sustentado de modo paradigmático por John Ruskin. La estética de Ruskin, y la ética correlativa que de ella deriva, fueron asumidas —por ejemplo— por el Unamuno joven, entre

1896 y 1901 sobre todo. [1] Así, escribió en el primero de tales años: «Acéntúase hoy en todo el mundo culto una... corriente de democratización del arte, corriente que, iniciada en Inglaterra, merced sobre todo a los esfuerzos de Ruskin, va extendiéndose por todas partes. Trátase de llevar la belleza adonde quiera, de hermosear los objetos de cotidiano uso doméstico, de poner al alcance de todos lo bello». [2] La ética cuasi-socialista que de aquí se desprende llevó a sentirse hastiado a don Miguel de la poesía modernista, «atestado de neo-gongorismo, neo-culteranismo, decadentismo», literatura «de mandarinato» y aristocrática que sólo procura valor de cambio en el mercado; en efecto, «lo que algunos llaman individualismo —decía— surge de un desprecio absoluto precisamente de la raíz y base de toda individualidad, del carácter específico del hombre, de lo que nos es a todos común, de la humanidad». [3] Por eso, para él, «sólo cuando el individuo colabora en la lucha social contra la explotación económica, tiene la apreciación de la belleza algún sentido, y sólo entonces puede esta apreciación llegar a su máximo, pues sólo cuando los seres humanos sean libres despertará la humanidad a la belleza». [4] «Con este postulado —concluye L. Litvak—, Unamuno se une al progresismo de Ruskin, para quien también la belleza y la belleza natural tenían un fin social y moral.» [5]

[1] Vid. R. Pérez de la Dehesa, *Política y sociedad en el primer Unamuno 1894-1904,* Madrid, 1966, pp. 157 ss.: p. 157.

[2] Cfr. *ibíd., p.* 160.

[3] *Ibíd.,* pp. 165-167. Cfr. G. Díaz Plaja, *Las lecciones amigas,* Barcelona, 1967, pp. 43-45: «El antimodernismo de Miguel de Unamuno».

[4] Lily Litvak, «Ruskin y el sentimiento de la naturaleza en las obras de Unamuno», *CCMU* (Salamanca), XXIII, 1973, pp. 211-220; p. 220.

[5] *Ibíd.*

El pensamiento de Ruskin impregna —nos parece— un texto como «Hermosura», de las *Poesías* (1907):

> Con la ciudad enfrente me hallo solo
> y Dios entero
> respira entre ella y yo toda su gloria.
> A la gloria de Dios se alzan las torres,
> a su gloria los álamos
> a su gloria los cielos
> y las aguas descansan a su gloria
>
> . . . .
>
> El reposo reposa en la hermosura
> del corazón de Dios que así nos abre
> tesoros de su gloria
>
> . . . .
>
> ¿Qué quieren esas torres?
> ese cielo ¿qué quiere?
> ¿qué la verdura?
> y ¿qué las aguas?
> Nada, no quieren;
> su voluntad murióse;
> descansan en el seno
> de la Hermosura eterna;
> son palabras de Dios limpias de todo
> querer humano.
> Son la oración de Dios que se regala
> cantándose a sí mismo. [6]

La estética prerrafaelista de la belleza y armonía confluye —en la trayectoria de la lírica castellana moderna—

---

[6] Miguel de Unamuno, *Poesías,* ed. de M. Alvar, Barcelona, 1975, pp. 93-95. Nos hemos referido a la sustancia de pensamiento de una sección de este libro («Castilla»), y a las formas artísticas en que cristaliza, en un capítulo de nuestro volumen misceláneo *El signo literario* (Madrid, 1977, pp. 181-192).

con otros anhelos (parnasianos, vanguardistas, etc.) de lo puro poético; en Rubén es muy visible la identificación con el legado de Ruskin, [7] y así «hace girar polarmente —lo expresa F. Lázaro— a la poesía española... [Tras él] ya no habrá ramplonería, seudofilosofía ni prosaísmo: la lírica se transforma en un instrumento... para profundizar en el mundo de la belleza». [8]

Ruskin, en efecto, sintió el arte no como expositor ni como filósofo, sino como combatiente, al decir del Menéndez Pelayo de la *Historia de las ideas estéticas*. [9] Su amor a (la armonía de) la naturaleza, en cuanto ella además refleja las perfecciones divinas, se transparenta en estos párrafos recogidos y glosados por el propio M. Pelayo:

> Toda formación geológica tiene sus rasgos esenciales y propios únicamente de ella: sus líneas determinadas de fractura, que producen formas constantes en los terrenos y en las rocas; sus vegetales

[7] Como ha analizado F. López Estrada: *Rubén Darío y la Edad Media,* Barcelona, 1971; cfr., así mismo, *Los «primitivos» de Manuel y Antonio Machado,* Madrid, 1977.

[8] F. Lázaro Carreter, *Literatura española contemporánea,* Madrid, 1966, p. 125.

[9] M. Menéndez Pelayo, *Historia de las ideas estéticas en España,* IV, Madrid³, 1962, p. 402. Y desarrolla de esta manera su caracterización don Marcelino: «Nadie ha llevado tan lejos el entusiasmo de la propaganda artística, ejerciéndola en todas formas, y gastando en ella dignamente su vida y sus cuantiosos bienes de fortuna, no sólo escribiendo y publicando extensas obras, sino adquiriendo cuadros y mármoles; fundando y dotando escuelas de dibujo, donde él mismo ha descendido a enseñar los primeros rudimentos; pensionando a jóvenes artistas que mostraban alguna feliz disposición; dando conferencias públicas y celebrando *meetings* para tratar de temas estéticos, y, en suma, haciendo más por las artes en su país que cuanto han podido hacer príncipes y magnates» *(ibíd.,* p. 401).

particulares, entre los cuales todavía pueden señalarse diferencias más particulares aún, que dependen de la variedad de elevación y temperatura. Sólo estudiando todas estas circunstancias, y sometiéndose a la verdad del detalle, puede lograrse reproducir el carácter sencillo y armonioso que distingue a los paisajes naturales.

....

Cuando la flor interviene en el cuadro, no es ya como simple punto de color o como punto luminoso, sino como voz que sale de la tierra, como nuevo acorde de la música del alma, como una nota necesaria en la armonía de la obra, necesaria para su ternura como para su elevación, para su gracia lo mismo que para su verdad.

....

El artista no es más que un hombre que ha recibido de Dios el genio de ver y sentir, de recordar los fenómenos y las impresiones que le han causado... La grandeza en materia de arte ni se adquiere ni se enseña: es la expresión del alma de un hombre a quien Dios ha hecho grande.

....

Toda decoración monumental debe tomar sus asuntos de las obras de Dios. [10]

[10] Por eso nuestro autor sienta «que es un gusto vulgar y extraviado el que juzga de un edificio por el efecto total de sus masas y de sus proporciones, porque lo único realmente importante son las decoraciones esculturales, manifestación de la vida... No sólo la reproducción directa de una forma cualquiera del mundo vegetal o animal, sino todo lo

La estética de lo real-interior y del armonicismo con la naturaleza, del sentimiento cristiano individualista, desemboca en John Ruskin en un ideal de *simbolismo:* mejor cuadro será el que contenga mayor número de ideas y más altas. [11]

II

El joven Unamuno, como Rubén Darío, habían hecho suya una interpretación —digamos, para entendernos— populista o aristocrática de la doctrina del esteticismo (ruskiniano); se trata de uno de los principios activos de nuestra lírica de entre 1871-1927. En particular Rubén· —lo ha sintetizado con precisión Lázaro, en un párrafo— «al modo parnasiano, concibe el poema como un bloque marmóreo; y siente la atracción de los temas exóticos y paganos, de un mundo coloreado, mítico, legendario, poblado de belleza. De los simbolistas, acepta la exigencia de musicalidad —lo que le lleva a rehabilitar o inventar estrofas, a cuidar los efectos sonoros del verso—, el goce de la palabra en cuanto simple forma, y, algunas veces, los tonos difuminados y tenues.

que indirecta y hasta involuntariamente sugiere en la decoración arquitectónica el recuerdo de alguna belleza física, todo lo que le aparta de la memoria los principios geométricos, todo lo que despierta la noción de la vida tiene a sus ojos atractivo inmenso, o más bien única» (estas paráfrasis y los textos citados de Ruskin, *ibíd.,* pp. 403-409).

[11] *Ibíd.,* p. 404. En efecto, la pintura prerrafaelista «supervalora el contenido literario, de suerte que las ideas tienen más importancia que la misma pintura». Cfr. J. J. Martín González, *Historia de la Pintura,* Madrid[2], 1970, p. 320.

En el viejo Víctor Hugo nutre su ímpetu épico, su gran-dilocuencia de poeta racial. Por fin, a Baudelaire y a Verlaine hay que atribuir buena parte de su «demonis-mo», su rebeldía antisocial, su peculiar moral, que se debate entre la sensualidad pagana y un catolicismo superficial y estético». [12]

A Pedro Salinas, por su lado, debemos el estableci-miento preciso de los contenidos rubenianos. [13] El tema de R. Darío, concreta, es el del afán erótico del hombre, afán ineluctable (pues se confunde con el mismo impulso vital), pero siempre insatisfecho, desgarrado. «Su poesía es pasión y muerte de lo erótico.» [14]

También aparecen en esta lírica, complementaria-mente, otras dos sustancias de contenido: una preocu-pación social y política de sesgo hispánico, y el propio tema (peculiar del Simbolismo) de la poesía y el poeta. [15]

La vivencia más radical de Rubén es su instalación en lo vital-profano: [16]

> Como la Galatea gongorina
> me encantó la marquesa verleniana,
> y así juntaba a la pasión divina
> una sensual hiperestesia humana;
> todo ansia, todo ardor, sensación pura
> y vigor natural. [17]

---

[12] *Literatura...*, p. 124.
[13] Cfr. *La poesía de Rubén Darío,* Barcelona, 1975.
[14] *Ibíd.,* p. 215.
[15] *Ibíd.,* p. 217.
[16] A pesar del ideal estoico-cristiano que también asume; vid. A. Ma-rasso, *Rubén Darío y su creación poética,* Buenos Aires, 1973, p. 181.
[17] Rubén Darío, *Poesías Completas,* ed. A. Méndez Planearte, Madrid, 1975[11], p. 628.

En *Poema del Otoño,* viene a decir, [18] con la Condesa de Noailles: *il n'est rien que la vie:*

> Y, no obstante, la vida es bella
> por poseer
> la perla, la rosa, la estrella
> y la mujer
>
> . . . .
>
> Y sentimos la vida pura,
> clara, real,
> cuando la envuelve la dulzura
> primaveral
>
> . . . .
>
> Gozad de la carne, ese bien
> que hoy nos hechiza
> y después se tornará en
> polvo y ceniza.
> Gozad del sol, de la pagana
> luz de sus fuegos;
> gozad del sol, porque mañana
> estaréis ciegos.
> Gozad de la dulce armonía
> que a Apolo invoca;
> gozad del canto, porque un día
> no tendréis boca.
> Gozad de la tierra, que un
> bien cierto encierra;
> gozad, porque no estáis aún
> bajo la tierra.
>
> . . . .

[18] Marasso, p. 347.

En nosotros la vida vierte
fuerza y calor.
¡Vamos al reino de la Muerte
por el camino del Amor! [19]

Así, Rubén tiene a lo amoroso como experiencia eróti-
co-sensual:

La marquesa Eulalia risas y desvíos
daba a un tiempo mismo para dos rivales:
el vizconde rubio de los desafíos
y el abate joven de los madrigales.

. . . .

¿Fue acaso en el Norte o en el Mediodía?
Yo el tiempo y el día y el país ignoro;
pero sé que Eulalia ríe todavía,
¡y es cruel y eterna su risa de oro!, [20]

e identifica ese erotismo con el impulso vital: «El perfu-
me de tu pecho es mi perfume, eterno incensario de
carne, Varona inmortal, flor de mi costilla. Hombre
soy.» [21] Pero lo erótico (erótico-vital) es insatisfactorio:

[19] *Poesías,* pp. 771-776. Y comp. el *Responso* a Verlaine, v.v. 7-18
(ibíd., p. 594).

[20] «Era un aire suave...» *(Poesías,* pp. 549-511). Esta composición,
como muestra Marasso, refleja el conocimiento minucioso de pintores,
y es poesía simbolista «por la música verbal, por el deseo de hacer del
verso una melodía» *(op. cit.,* pp. 36-43).

[21] *Poesías,* p. 546. Y comp. pp. 551-556, textos todos de *Prosas Pro-
fanas.*

> En vano busqué a la princesa
> que estaba triste de esperar.
> La vida es dura. Amarga y pesa.
> ¡Ya no hay princesa que cantar!
> Mas a pesar del tiempo terco,
> mi sed de amor no tiene fin;
> con el cabello gris me acerco
> a los rosales del jardín... [22]

Darío, además, exalta en su creación poética los valores históricos españoles (en un momento inmediatamente posterior a la crisis del 98) y la potencialidad de proyección del mundo hispánico:

> ¡Mientras el mundo aliente, mientras la esfera gire,
> mientras la onda cordial alimente un ensueño,
> mientras haya una viva pasión, un noble empeño,
> un buscado imposible, una imposible hazaña,
> una América oculta que hallar, vivirá España! [23]
> . . . .
>
> Mas la América nuestra...
> la América del grande Moctezuma, del Inca,
> la América fragante de Cristóbal Colón,
> la América católica, la América española,
> la América en que dijo el noble Guatemoc:
> «Yo no estoy en un lecho de rosas»; esa América
> que tiembla de huracanes y que vive de amor,
> hombres de ojos sajones y alma bárbara, vive.
> Y sueña. Y ama, y vibra, y es la hija del Sol.
> Tened cuidado. ¡Vive la América española!
> Hay mil cachorros sueltos del León Español.

---

[22] *Ibíd.,* p. 659, y comp. p. 688.
[23] *Ibíd.,* p. 634.

Se necesitaría, Roosevelt, ser, por Dios mismo,
el Riflero terrible y el fuerte Cazador,
para poder tenernos en vuestras férreas garras. [24]

Finalmente, la crítica ha deslindado en la obra de Rubén el tema de la propia poesía. En un momento, traza su misma etopeya poética: «Y muy siglo diez y ocho, y muy antiguo / y muy moderno; ... / Con Hugo fuerte y con Verlaine»; [25] esto es, primitivista, dieciochesco, con los estímulos (opuestos) de Hugo y de Verlaine. [26] También expresa su devoción al arte:

Mas, por gracia de Dios, en mi conciencia
el Bien supo elegir la mejor parte;
y si hubo áspera hiel en mi existencia,
melificó toda acritud el Arte

. . . .

Vida, luz y verdad, tal triple llama
produce la interior llama infinita;
el Arte puro como Cristo exclama:
Ego sum lux et veritas et vita!, [27]

y la búsqueda, más allá de los materiales poéticos (lexemas, ritmos, el propio impulso creador), de la armonía total de la forma construida: [28]

---

[24] *Ibíd.,* pp. 640-641. Y comp. en las «Letanías de Nuestro Señor Don Quijote»: «¡Ruega... / por advenedizas almas de manga ancha, / que ridiculizan el ser de la Mancha, / el ser generoso y el ser español!» (p. 686).
[25] *Ibíd.,* p. 627.
[26] Marasso, p. 176.
[27] *Poesías,* pp. 629-630.
[28] *Ibíd.,* p. 622; cfr. Marasso, pp. 171-173.

> Yo persigo una forma que no encuentra mi estilo,
> botón de pensamiento que busca ser la rosa;
> se anuncia con un beso que en mis labios se posa
> al abrazo imposible de la Venus de Milo.
>
> . . . .
>
> Y no hallo sino la palabra que huye,
> la iniciación melódica que de la flauta fluye
> y la barca del sueño que en el espacio boga. *

Francisco ABAD NEBOT.

---

* La lírica de Rubén, como se ha dicho, ha sido editada por A. Méndez Plancarte (con revisión de A. Oliver): *Poesías Completas* (Madrid, ed. Aguilar); una antología por orden de temas es la de G. de Torre: *Antología poética* (Buenos Aires, 1966, y eds. posteriores). De los libros de conjunto a él dedicados destacamos el de Arturo Marasso, *Rubén Darío y su creación poética* (Buenos Aires, 1973), y el de Pedro Salinas, *La poesía de Rubén Darío. Ensayo sobre el tema y los temas del poeta* (Barcelona, 1975).

Más en general se refieren al Modernismo dos compilaciones, la primera sólo de artículos críticos, y la segunda de crítica y también documentos de época; en algunos textos, estos volúmenes coinciden, y en general puede decirse que resultan complementarios. La referencia respectiva es: H. Castillo, ed., *Estudios críticos sobre el modernismo,* Madrid, 1968; L. Litvak, ed., *El Modernismo,* Madrid, 1975. Además, en estas obras se incluye la mención completa de otras tantas igualmente representativas de Ned Davidson (ahora traducida en B. A., 1971), Díaz Plaja, R. Gullón, Juan Ramón Jiménez, etc. Una quintaesencia de las posiciones críticas de D. Plaja, con otros complementos, ya queda citada: *Las lecciones amigas* (Barcelona 1967).

Por último, llamamos la atención sobre varios de los planteamientos de la obra póstuma de Eduard Valentí i Fiol: *El primer modernismo literario catalán y sus fundamentos ideológicos* (Barcelona, 1973); así mismo, el hecho de la transposición verbal de motivos pictóricos llevada a cabo por Rubén ha sido aludida, en el marco teórico-crítico de las relaciones entre poesía y pintura, por F. Abad, «Factores estructurantes en la lengua, la literatura y las demás artes», *Homenaje a Emilio Orozco* (Granada).

PROSAS PROFANAS

A Carlos Vega Belgrano

afectuosamente
este libro dedica

R. D.

PALABRAS LIMINARES

Después de *Azul...,* después de *Los Raros,* voces *insinuantes,* buena y mala intención, entusiasmo sonoro y envidia subterránea, todo bella cosecha, solicitaron lo que, en conciencia, no he creído fructuoso ni oportuno: un manifiesto.

Ni fructuoso ni oportuno:

a) Por la absoluta falta de elevación mental de la mayoría pensante de nuestro continente, en la cual impera el universal personaje clasificado por Remy de Gourmont con el nombre de *Celui-qui-ne-comprend-pas. Celui-qui-ne-comprend-pas* es entre nosotros profesor, académico correspondiente de la Real Academia Española, periodista, abogado, poeta, *rastaquouère.*

b) Porque la obra colectiva de los nuevos de América es aún vana, estando muchos de los mejores talentos en el limbo de un completo desconocimiento del mismo Arte a que se consagran.

c) Porque proclamando, como proclamo, una estética acrática, la imposición de un modelo o de un código implicaría una contradicción.

Yo no tengo literatura «mía» —como lo ha manifestado una magistral autoridad—, para marcar el rumbo de los demás: mi literatura es *mía* en mí; quien siga servilmente mis huellas perderá su tesoro personal y, paje o esclavo, no podrá ocultar sello o librea. Wagner, a Augusta Holmes, su discípula, dijo un día: «Lo primero, no imitar a nadie, y sobre todo, a mí.» Gran decir.

*

Yo he dicho, en la misa rosa de mi juventud, mis antífonas, mis secuencias, mis profanas prosas. Tiempo y menos fatigas de alma y corazón me han hecho falta, para, como un buen monje artífice, hacer mis mayúsculas dignas de cada página del breviario. (A través de los fuegos divinos de las vidrieras historiadas, me río del viento que sopla afuera, del mal que pasa.) Tocad, campanas de oro, campanas de plata; tocad todos los días, llamándome a la fiesta en que brillan los ojos de fuego, y las rosas de las bocas sangran delicias únicas. Mi órgano es un viejo clavicordio pompadour, al son del cual danzaron sus gavotas alegres abuelos; y el perfume de tu pecho es mi perfume, eterno incensario de carne, Varona inmortal, flor de mi costilla.

Hombre soy.

*

¿Hay en mi sangre alguna gota de sangre de Africa, o de indio chorotega o nagrandano? Pudiera ser, a despecho de mis manos de marqués; mas he aquí que veréis en mis versos princesas, reyes, cosas imperiales, visiones de países lejanos o imposibles: ¡qué queréis!, yo detesto la vida y el tiempo en que me tocó nacer; y a un presidente de la República, no podré saludarle en el idioma en que te cantaría a ti, ¡oh Halagabal!, de cuya corte —oro, seda, mármol— me acuerdo en sueños...

(Si hay poesía en nuestra América, ella está en las cosas viejas: en Palenke y Utatlán, en el indio legendario y el inca sensual y fino, y en el gran Moctezuma de la silla de oro. Lo demás es tuyo, demócrata Walt Whitman.)

Buenos Aires: Cosmópolis.

¡Y mañana!

*

El abuelo español de barba blanca me señala una serie de retratos ilustres: «Este —me dice— es el gran don Miguel de Cervantes Saavedra, genio y manco; éste es Lope de Vega, éste Garcilaso, éste Quintana.» Yo le pregunto por el noble Gracián, por Teresa la Santa, por el bravo Góngora y el más fuerte de todos, don Francisco de Quevedo y Villegas. Después exclamó: «¡Shakespeare! ¡Dante! ¡Hugo...! (Y en mi interior: ¡Verlaine...!)»

Luego, al despedirme... «—Abuelo, preciso es decíroslo: mi esposa es de mi tierra; mi querida, de París.»

*

¿Y la cuestión métrica? ¿Y el ritmo?

Como cada palabra tiene un alma, hay en cada verso, además de la armonía verbal, una melodía ideal. La música es sólo de la idea, muchas veces.

*

La gritería de trescientas ocas no te impedirá, silvano, tocar tu encantadora flauta, con tal de que tu amigo el ruiseñor esté contento de tu melodía. Cuando él no esté para escucharte, cierra los ojos y toca para los habitantes de tu reino interior. ¡Oh pueblo de desnudas ninfas, de rosadas reinas, de amorosas diosas!

Cae a tus pies una rosa, otra rosa, otra rosa. ¡Y besos!

* * *

Y la primera ley, creador: crear. Bufe el eunuco. Cuando una musa te dé un hijo, queden las otras ocho encinta.

R. D.

PROSAS PROFANAS

ERA UN AIRE SUAVE...

Era un aire suave, de pausados giros:
el hada Harmonía ritmaba sus vuelos,
e iban frases vagas y tenues suspiros
entre los sollozos de los violoncelos.

   Sobre la terraza, junto a los ramajes,
diríase un trémolo de liras colias
cuando acariciaban los sedosos trajes,
sobre el tallo erguidas, las blancas magnolias.

   La marquesa Eulalia risas y desvíos
daba a un tiempo mismo para dos rivales:
el vizconde rubio de los desafíos
y el abate joven de los madrigales.

   Cerca, coronado con hojas de viña,
reía en su máscara Término barbudo,
y, como un efebo que fuese una niña,
mostraba una Diana su mármol desnudo.

   Y bajo un boscaje del amor palestra,
sobre rico zócalo al modo de Jonia,
con un candelabro prendido en la diestra
volaba el Mercurio de Juan de Bolonia.

La orquesta perlaba sus mágicas notas;
un coro de sones alados se oía;
galantes pavanas, fugaces gavotas
cantaban los dulces violines de Hungría.

Al oír las quejas de sus caballeros,
ríe, ríe, ríe la divina Eulalia,
pues son su tesoro las flechas de Eros,
el cinto de Cipria, la rueca de Onfalia.

¡Ay de quien sus mieles y frases recoja!
¡Ay de quien del canto de su amor se fíe!
Con sus ojos lindos y su boca roja,
la divina Eulalia, ríe, ríe, ríe.

Tiene azules ojos, es maligna y bella;
cuando mira, vierte viva luz extraña;
se asoma a sus húmedas pupilas de estrella
el alma del rubio cristal de Champaña.

Es noche de fiesta, y el baile de trajes
ostenta su gloria de triunfos mundanos.
La divina Eulalia, vestida de encajes,
una flor destroza con sus tersas manos.

El teclado harmónico de su risa fina
a la alegre música de un pájaro iguala,
con los *staccati* de una bailarina
y las locas fugas de una colegiala.

¡Amoroso pájaro que trinos exhala
bajo el ala a veces ocultando el pico;
que desdenes rudos lanza bajo el ala,
bajo el ala aleve del leve abanico!

Cuando a medianoche sus notas arranque
y en arpegios áureos gima Filomela,
y el ebúrneo cisne, sobre el quieto estanque,
como blanca góngola imprima su estela,

la marquesa alegre llegará al boscaje,
boscaje que cubre la amable glorieta
donde han de estrecharla los brazos de un paje
que, siendo su paje, será su poeta.

Al compás de un canto de artista de Italia
que en la brisa errante la orquesta deslíe,
junto a los rivales, la divina Eulalia,
la divina Eulalia, ríe, ríe, ríe.

¿Fue acaso en el tiempo del rey Luis de Francia,
sol con corte de astros, en campos de azur,
cuando los alcázares llenó de fragancia
la regia y pomposa rosa Pompadour?

¿Fue cuando la bella su falda cogía
con dedos de ninfa, bailando el minué,
y de los compases el ritmo seguía,
sobre el tacón rojo, lindo y leve el pie?

¿O cuando pastoras de floridos valles
ornaban con cintas sus albos corderos
y oían, divinas Tirsis de Versalles,
las declaraciones de sus caballeros?

¿Fue en ese buen tiempo de duques pastores,
de amantes princesas y tiernos galanes,
cuando entre sonrisas y perlas y flores
iban las casacas de los chambelanes?

¿Fue acaso en el Norte o en el Mediodía?
Yo el tiempo y el día y el país ignoro;
pero sé que Eulalia ríe todavía,
¡y es crüel y eterna su risa de oro!

(1893.)

DIVAGACION

¿Vienes? Me llega aquí, pues que suspiras,
un soplo de las mágicas fragancias
que hicieron los delirios de las liras
en las Grecias, las Romas y las Francias.

¡Suspira así! Revuelen las abejas,
al olor de la olímpica ambrosía,
en los perfumes que en el aire dejas;
y el dios de piedra se despierte y ría.

Y el dios de piedra se despierte y cante
la gloria de los tirsos florecientes
en el gesto ritual de la bacante
de rojos labios y nevados dientes;

en el gesto ritual que en las hermosas
Ninfalias guía a la divina hoguera,
hoguera que hace llamear las rosas
en las manchadas pieles de pantera.

Y pues amas reír, ríe, y la brisa
lleve el son de los líricos cristales
de tu reír, y haga temblar la risa
la barba de los Términos joviales.

Mira hacia el lado del boscaje, mira
blanquear el muslo de marfil de Diana,
y después de la Virgen, la Hetaíra
diosa, su blanca, rosa y rubia hermana.

Pasa en busca de Adonis; sus aromas
deleitan a las rosas y los nardos;
síguela una pareja de palomas,
y hay tras ella una fuga de leopardos.

*

¿Te gusta amar en griego? Yo las fiestas
galantes busco, en donde se recuerde,
al suave son de rítmicas orquestas,
la tierra de la luz y el mirto verde.

(Los abates refieren aventuras
a las rubias marquesas. Soñolientos
filósofos defienden las ternuras
del amor, con sutiles argumentos,

mientras que surge de la verde grama,
en la mano el acanto de Corinto,
una ninfa a quien puso epigrama
Beaumarchais, sobre el mármol de su plinto.

Amo más que la Grecia de los griegos
la Grecia de la Francia, porque en Francia,
al eco de las Risas y los Juegos,
su más dulce licor Venus escancia.

Demuestran más encantos y perfidias,
coronadas de flores y desnudas,
las diosas de Clodión que las de Fidias;
unas cantan francés; otras son mudas.

Verlaine es más que Sócrates; y Arsenio
Houssaye supera al viejo Anacreonte.
En París reinan el Amor y el Genio:
ha perdido su imperio el dios bifronte.

Monsieur Prudhomme y Homais no saben nada.
Hay Chipres, Pafos, Temples y Amatuntes,
donde al amor de mi madrina, un hada,
tus frescos labios a los míos juntes.)

*

Sones de bandolín. El rojo vino
conduce un paje rojo. ¿Amas los sones
del bandolín y un amor florentino?
Serás la reina en los decamerones.

(Un coro de poetas y pintores
cuenta historias picantes. Con maligna
sonrisa alegre, aprueban los señores.
Celia enrojece, una dueña se signa.)

¿O un amor alemán —que no han sentido
jamás los alemanes—? La celeste
Gretchen; claro de luna; el aria; el nido
del ruiseñor; y en una roca agreste,

la luz de nieve que del cielo llega
y baña a una hermosura que suspira
la queja vaga que a la noche entrega
Loreley en la lengua de la lira.

Y sobre el agua azul, el caballero
Lohengrín; y su cisne, cual si fuese
un cincelado témpano viajero,
con su cuello enarcado en forma de ese.

Y del divino Enrique Heine un canto,
a la orilla del Rhin; y del divino
Wolfang, la larga cabellera, el manto;
y de la uva teutona, el blanco vino.

O amor lleno de sol, amor de España,
amor lleno de púrpura y oros;
amor que da el clavel, la flor extraña
regada con la sangre de los toros;

flor de gitanas, flor que amor recela,
amor de sangre y luz, pasiones locas;
flor que trasciende a clavo y a canela,
roja cual las heridas y las bocas.

*

¿Los amores exóticos acaso…?
Como rosa de Oriente me fascinas:
me deleitan la seda, el oro, el raso.
Gautier adoraba a las princesas chinas.

¡Oh bello amor de mil genuflexiones:
torres de kaolín, pies imposibles,
tazas de té, tortugas y dragones,
y verdes arrozales apacibles!

Amame en chino, en el sonoro chino
de Li-Tai-Pe. Yo igualaré a los sabios
poetas que interpretan el destino;
madrigalizaré junto a tus labios.

Diré que eres más bella que la luna;
que el tesoro del cielo es menos rico
que el tesoro que vela la importuna
caricia de marfil de tu abanico.

*

Amame japonesa, japonesa
antigua, que no sepa de naciones
occidentales: tal una princesa
con las pupilas llenas de visiones,

que aun ignorase en la sagrada Kioto,
en su labrado camarín de plata
ornado al par de crisantemo y loto,
la civilización de Yamagata.

O con amor hindú que alza sus llamas
en la visión suprema de los mitos
y hace temblar en misteriosas bramas
la iniciación de los sagrados ritos,

en tanto mueven tigres y panteras
sus hierros, y en los fuertes elefantes
sueñan con ideales bayaderas
los rajahs, constelados de brillantes.

O negra, negra como la que canta
en su Jerusalén el rey hermoso,
negra que haga brotar bajo su planta
la rosa y la cicuta del reposo...

Amor, en fin, que todo diga y cante,
amor que cante y deje sorprendida
a la serpiente de ojos de diamante
que está enroscada al árbol de la vida.

Amame así, fatal, cosmopolita,
universal, inmensa, única, sola
y todas; misteriosa y erudita:
ámame mar y nube, espuma y ola.

Sé mi reina de Saba, mi tesoro;
descansa en mis palacios solitarios.
Duerme. Yo encenderé los incensarios.
Y junto a mi unicornio cuerno de oro,
tendrán rosas y miel tus dromedarios.

(Tigre Hotel, diciembre de 1894.)

SONATINA

La princesa está triste... ¿Qué tendrá la princesa?
Los suspiros se escapan de su boca de fresa,
que ha perdido la risa, que ha perdido el color.

La princesa está pálida en su silla de oro,
está mudo el teclado de su clave sonoro,
y en un vaso, olvidada, se desmaya una flor.

El jardín puebla el triunfo de los pavos-reales.
Parlanchina, la dueña dice cosas banales,
y vestido de rojo piruetea el bufón.
La princesa no ríe, la princesa no siente;
la princesa persigue por el cielo de Oriente
la libélula vaga de una vaga ilusión.

¿Piensa acaso en el príncipe de Golconda o de China,
o en el que ha detenido su carroza argentina
para ver de sus ojos la dulzura de luz,
o en el rey de las islas de las Rosas fragantes,
o en el que es soberano de los claros diamantes,
o en el dueño orgulloso de las perlas de Ormuz?

¡Ay!, la pobre princesa de la boca de rosa
quiere ser golondrina, quiere ser mariposa,
tener alas ligeras, bajo el cielo volar;
ir al sol por la escala luminosa de un rayo,
saludar a los lirios con los versos de Mayo,
o perderse en el viento sobre el trueno del mar.

Ya no quiere el palacio, ni la rueca de plata,
ni el halcón encantado, ni el bufón escarlata,
ni los cisnes unánimes en el lago de azur.
Y están tristes las flores por la flor de la corte,
los jazmines de Oriente, los nelumbos del Norte,
de Occidente las dalias y las rosas del Sur.

¡Pobrecita princesa de los ojos azules!
Está presa en sus oros, está presa en sus tules,

en la jaula de mármol del palacio real;
el palacio soberbio que vigilan los guardas,
que custodian cien negros con sus cien alabardas,
un lebrel que no duerme y un dragón colosal.

¡Oh, quién fuera hipsipila que dejó la crisálida!
(La princesa está triste. La princesa está pálida.)
¡Oh visión adorada de oro, rosa y marfil!
¡Quién volara a la tierra donde un príncipe existe
(La princesa está pálida. La princesa está triste.)
más brillante que el alba, más hermoso que Abril!

«Calla, calla, princesa —dice el hada madrina—;
en caballo con alas, hacia acá se encamina,
en el cinto la espada y en la mano el azor,
el feliz caballero que te adora sin verte,
y que llega de lejos, vencedor de la Muerte,
a encenderte los labios con su beso de amor.»

BLASON

Para la Condesa de Peralta.

El olímpico cisne de nieve
con el ágata rosa del pico
lustra el ala eucarística y breve
que abre al sol como un casto abanico.

En la forma de un brazo de lira
y del asa de un ánfora griega,
es su cándido cuello, que inspira,
como prora ideal que navega.

Es el cisne, de estirpe sagrada,
cuyo beso, por campos de seda,
ascendió hasta la cima rosada
de las dulces colinas de Leda.

Blanco rey de la fuente Castalia,
su victoria ilumina el Danubio;
Vinci fue su barón en Italia;
Lohengrín es su príncipe rubio.

Su blancura es hermana del lino,
del botón de los blancos rosales
y del albo toisón diamantino
de los tiernos corderos pascuales.

Rimador del ideal florilegio,
es de armiño su lírico manto,
y es el mágico pájaro regio
que al morir rima el alma en un canto.

El alado aristócrata muestra
lises albos en campo de azur,
y ha sentido en sus plumas la diestra
de la amable y gentil Pompadour.

Boga y boga en el lago sonoro
donde el sueño a los tristes espera,
donde aguarda una góndola de oro
a la novia de Luis de Baviera.

Dad, Condesa, a los cisnes cariño;
dioses son de un país halagüeño,
y hechos son de perfume, de armiño,
de luz alba, de seda y de sueño.

DEL CAMPO

¡Pradera, feliz día! Del regio Buenos Aires
quedaron allá lejos el fuego y el hervor;
hoy en tu verde triunfo tendrán mis sueños vida,
respiraré tu aliento, me bañaré en tu sol.

¡Muy buenos días, huerto! Saludo la frescura
que brota de las ramas de tu durazno en flor;
formada de rosales, tu calle de Florida
mira pasar la Gloria, la Banca y el *Sport*.

Un pájaro poeta rumia en su buche versos;
chismoso y petulante, charlando va un gorrión;
las plantas trepadoras conversan de política;
las rosas y los lirios, del arte y del amor.

Rigiendo su cuadriga de mágicas libélulas,
de sueños millonarios, pasa el travieso Puck;
y, espléndida *sportwoman,* en su celeste carro,
la emperatriz Titania seguida de Oberón.

De noche, cuando muestra su medio anillo de oro
bajo el azul tranquilo, la amada de Pierrot,
es una fiesta pálida la que en el huerto reina,
toca la lira el aire su do-re-mi-fa-sol.

Curiosas las violetas a su balcón se asoman.
Y una suspira: «¡Lástima que falte el ruiseñor!»
Los silfos acompasan la danza de las brisas
en un walpurgis vago de aroma y de visión.

De pronto se oye el eco del grito de la pampa;
brilla como una puesta del argentino sol;
y un espectral jinete, como una sombra cruza,
sobre su espalda un poncho, sobre su faz dolor.

—«¿Quién eres, solitario viajero de la noche?
—«Yo soy la Poesía que un tiempo aquí reinó:
¡yo soy el postrer gaucho que parte para siempre,
de nuestra vieja patria llevando el corazón!»

ALABA LOS OJOS NEGROS DE JULIA

¿Eva era rubia? No. Con ojos negros
vio la manzana del jardín: con labios
rojos probó su miel; con labios rojos
que saben hoy más ciencia que los sabios.

Venus tuvo el azur en sus pupilas;
pero su hijo, no. Negros y fieros,
encienden a las tórtolas tranquilas
los dos ojos de Eros.

Los ojos de las reinas fabulosas,
de las reinas magníficas y fuertes,
tenían las pupilas tenebrosas
que daban los amores y las muertes.

Pentesilea, reina de amazonas;
Judith, espada y fuerza de Betulia;
Cleopatra, encantadora de coronas,
la luz tuvieron de tus ojos, Julia.

Luz negra, que es más luz que la luz blanca
del sol, y las azules de los cielos;
luz que el más rojo resplandor arranca
al diamante terrible de los celos.

Luz negra, luz divina, luz que alegra
la luz meridional, luz de las niñas
de las grandes ojeras, ¡oh luz negra
que hace cantar a Pan bajo las viñas!

CANCION DE CARNAVAL

> *Le carnaval s'amuse!*
> *Viens le chanter, ma Muse...*
> BANVILLE.

Musa, la máscara apresta,
ensaya un aire jovial
y goza y ríe en la fiesta
    del Carnaval.

Ríe en la danza que gira,
muestra la pierna rosada,
y suene, como una lira,
    tu carcajada.

Para volar más ligera,
ponte dos hojas de rosa,
como hace tu compañera
    la mariposa.

Y que en tu boca risueña
que se une al alegre coro,
deja la abeja porteña
    su miel de oro.

Unete a la mascarada
y mientras muequea un clown
con la faz pintarrajeada,
    como Frank Brown;

mientras Arlequín revela
que al prisma sus tintes roba
y aparece Pulchinela
    con su joroba,

di a Colombina la bella
lo que de ella pienso yo,
y descorcha una botella
    para Pierrot.

Que él te cuente cómo rima
sus amores con la luna
y te haga un poema en una
    pantomima.

Da al aire la serenata,
toca el áureo bandolín,
lleva un látigo de plata
    para el *spleen*.

Sé lírica y sé bizarra;
con la cítara, sé griega;
o gaucha con la guitarra
    de Santos Vega.

Mueve tu espléndido torso
por las calles pintorescas,
y juega y adorna el corso
        con rosas frescas.

De perlas riega un tesoro
de Andrada en el regio nido;
y en la hopalanda de Guido,
        polvo de oro.

Penas y duelos olvida,
canta deleites y amores;
busca la flor de las flores
        por Florida:

con la armonía te encantas
de las rimas de cristal,
y deshojas a sus plantas
        un madrigal.

Piruetea, baila, inspira
versos locos y joviales;
celebre la alegre lira
        los carnavales.

Sus gritos y sus canciones,
sus comparsas y sus trajes,
sus perlas, tintes y encajes
        y pompones.

Y lleve la rauda brisa,
sonora, argentina, fresca,
¡la victoria de tu risa
        funambulesca!

PARA UNA CUBANA

Poesía dulce y mística,
busca a la blanca cubana
que se asomó a la ventana
como una visión artística.

Misteriosa y cabalística,
puede dar celos a Diana,
con su faz de porcelana
de una blancura eucarística.

Llena de un prestigio asiático,
roja, en el rostro enigmático,
su boca, púrpura finge.

Y al sonreír, vi en ella
el resplandor de una estrella
que fuese alma de una esfinge.

PARA LA MISMA

Miré, al sentarme a la mesa
bañado en la luz del día
el retrato de María,
la cubana-japonesa.

El aire acaricia y besa,
como un amante lo haría,
la orgullosa bizarría
de la cabellera espesa.

Diera un tesoro el Mikado
por sentirse acariciado
por princesa tan gentil,

digna de que un gran pintor
la pinte junto a una flor
en un vaso de marfil.

«BOUQUET»

Un poeta egregio del país de Francia
que con versos áureos alabó el amor,
formó un ramo harmónico, lleno de elegancia,
en su *Sinfonía en Blanco Mayor.*

Yo por ti formara, Blanca deliciosa,
el regalo lírico de un blanco *bouquet.*
con la blanca estrella, con la blanca rosa
que en los bellos parques del azul se ve.

Hoy, que tú celebras tus bodas de nieve
(tus bodas de virgen con el sueño son),
todas sus blancuras Primavera llueve
sobre la blancura de tu corazón.

Cirios, cirios blancos, blancos, blancos lirios,
cuellos de los cisnes, margarita en flor,
galas de la espuma, ceras de los cirios
y estrellas celestes tienen tu color.

Yo, al enviarte versos, de mi vida arranco
la flor que te ofrezco, blanco serafín.
¡Mira cómo mancha tu corpiño blanco
la más roja rosa que hay en mi jardín!

EL FAISAN

Dijo sus secretos al faisán de oro.
En el gabinete, mi blanco tesoro;
de sus claras risas el divino coro.

Las bellas figuras de los gobelinos,
los cristales llenos de aromados vinos,
las rosas francesas en los vasos chinos.

(Las rosas francesas, porque fue allá en Francia
donde, en el retiro de la dulce estancia,
esas frescas rosas dieron su fragancia.)

La cena esperaba. Quitadas las vendas,
iban mil amores de flechas tremendas
en aquella noche de Carnestolendas.

La careta negra se quitó la niña,
y tras el preludio de una alegre riña
apuró mi boca vino de su viña.

Vino de la viña de la boca loca,
que hace arder el beso, que el mordisco invoca.
¡Oh los blancos dientes de la loca boca!

En su boca ardiente yo bebí los vinos,
y, pinzas rosadas, sus dedos divinos
me dieron las fresas y los langostinos.

Yo la vestimenta de Pierrot tenía
y aunque me alegraba y aunque me reía,
moraba en mi alma la melancolía.

La carnavalesca noche luminosa,
dio a mi triste espíritu la mujer hermosa,
sus ojos de fuego, sus labios de rosa.

Y en el gabinete del café galante
ella se encontraba con su nuevo amante,
peregrino pálido de un país distante.

Llegaban los ecos de vagos cantares,
y se despedían de sus azahares
miles de purezas en los bulevares.

Y cuando el champaña me cantó su canto,
por una ventana vi que un negro manto
de nube, de Febe cubría el encanto.

Y dije a la amada de un día: «¿No viste
de pronto ponerse la noche tan triste?
¿Acaso la Reina de luz ya no existe?»

Ella me miraba. Y el faisán, cubierto
de plumas de oro: —«¡Pierrot, ten por cierto
que tu fiel amada, que la Luna, ha muerto!»

«GARÇONNIERE»

A G. Grippa.

Cómo era el instante, dígalo la musa
que las dichas trae, que las penas lleva:
la tristeza pasa, velada y confusa;
la alegría, rosas y azahares nieva.

Era en un amable nido de soltero,
de risas y versos, de placer sonoro;
era un inspirado cada caballero,
de sueños azules y vino de oro.

Un rubio decía frases sentenciosas,
negando y amando las musas eternas;
un bruno decía versos como rosas,
de sonantes rimas y palabras tiernas.

Los tapices rojos, de doradas listas,
cubrían panoplias de pinturas y armas,
que hablaban de bellas pasadas conquistas,
amantes coloquios y dulces alarmas.

El verso de fuego de D'Annunzio era
como un son divino que en las saturnales
guiara las manchadas pieles de pantera
a fiestas soberbias y amores triunfales.

E iban con manchadas pieles de pantera,
con tirsos de flores y copas paganas,
las almas de aquellos jóvenes que viera
Venus en su templo con palmas hermanas.

Venus, la celeste reina que adivina
en las almas vivas alegrías francas,
y que les confía, por gracia divina,
sus abejas de oro, sus palomas blancas.

Y aquellos amantes de la eterna Dea,
a la dulce música de la regia rima,
oyen el mensaje de la vasta Idea
por el compañero que recita y mima.

Y sobre sus frentes que acaricia el auro,
Abril pone amable su beso sonoro
y llevan gozosos, sátiro y centauro,
la alegría noble del vino de oro.

EL PAIS DEL SOL

Para una artista cubana.

Junto al negro palacio del rey de la isla de Hierro —(¡oh cruel, horrible destierro!)—, ¿cómo es que tú, hermana harmoniosa, haces cantar al cielo gris tu pajarera de ruiseñores, tu formidable caja musical? ¿No te entristece recordar la primavera en que oíste a un pájaro divino y tornasol

en el país del sol?

En el jardín del rey de la isla de Oro —(¡oh mi ensueño que adoro!)—, fuera mejor que tú, harmoniosa hermana, amaestrases tus aladas flautas, tus sonoras arpas;

¡tú que naciste donde más lindos nacen el clavel de
sangre y la rosa de arrebol,

en el país del sol!

O en el alcázar de la reina de la isla de Plata —(Schu-
bert, solloza la *Serenata...),* pudieras también, herma-
na harmoniosa, hacer que las místicas aves de tu alma
alabasen dulce, dulcemente, el claro de luna, los vírgenes
lirios, la monja paloma y el cisne marqués. ¡La mejor
plata se funde en un ardiente crisol,

en el país del sol!

Vuelve, pues, a tu barca, que tienes lista la vela
—(resuena, lira; Céfiro, vuela—), y parte, harmoniosa
hermana, a donde un príncipe bello, a la orilla del mar
pide liras y versos y rosas, y acaricia sus rizos de oro bajo
un regio y azul parasol,

¡en el país del sol!

(New-York, 1893.)

MARGARITA

In memoriam...

¿Recuerdas que querías ser una Margarita
Gautier? Fijo en mi mente tu extraño rostro está,
cuando cenamos juntos, en la primera cita,
en una noche alegre que nunca volverá.

Tus labios escarlatas de púrpura maldita
sorbían el champaña del fino baccarat;
tus dedos deshojaban la blanca margarita:
«Sí…, no…, sí…, no…», ¡y sabías que te adoraba ya!

Después, ¡oh flor de Histeria!, llorabas y reías;
tus besos y tus lágrimas tuve en mi boca yo;
tus risas, tus fragancias, tus quejas eran mías.

Y en una tarde triste de los más dulces días,
la Muerte, la celosa, por ver si me querías,
¡como a una margarita de amor, te deshojó!

MIA

Mía: así te llamas.
¿Qué más harmonía?
Mía: luz del día;
Mía: rosas, llamas.

¡Qué aromas derramas
en el alma mía,
si sé que me amas,
oh Mía!, ¡oh Mía!

Tu sexo fundiste
con mi sexo fuerte,
fundiendo dos bronces.

Yo, triste; tú triste…
¿No has de ser, entonces,
Mía hasta la muerte?

DICE MIA

Mi pobre alma pálida
era una crisálida.
Luego, mariposa
de color de rosa.

Un céfiro inquieto
dijo mi secreto...
—¿Has sabido tu secreto un día?

¡Oh Mía!
Tu secreto es una
melodía en un rayo de luna...
—¿Una melodía?

HERALDOS

¡Helena!
La anuncia el blancor de un cisne.

¡Makheda!
La anuncia un pavo real.

¡Ifigenia, Electra, Catalina!
Anúncialas un caballero con un hacha.

¡Ruth, Lía, Enone!
Anúncialas un paje con un lirio.

¡Yolanda!
Anúnciala una paloma.

¡Clorinda, Carolina!
Anúncialas un paje con un ramo de viña.

¡Silvia!
Anúnciala una corza blanca.

¡Aurora, Isabel!
Anúncialas de pronto
un resplandor que ciega mis ojos.
    ¿Ella?
(No la anuncian. No llega aún.)

«ITE, MISSA EST»

A Reynaldo de Rafael.

Yo adoro a una sonámbula con alma de Eloísa,
virgen como la nieve y honda como la mar;
su espíritu es la hostia de mi amorosa misa,
y alzo al son de una dulce lira crepuscular.

Ojos de evocadora, gesto de profetisa,
en ella hay la sagrada frecuencia del altar;
su risa es la sonrisa suave de Monna Lisa,
sus labios son los únicos labios para besar.

Y he de besarla un día con rojo beso ardiente;
apoyada en mi brazo como convaleciente,
me mirará asombrada con íntimo pavor;

la enamorada esfinge quedará estupefacta,
apagaré la llama de la vestal intacta,
¡y la faunesa antigua me rugirá de amor!

COLOQUIO DE LOS CENTAUROS

A Paul Groussac.

En la isla en que detiene su esquife el argonauta
del inmortal Ensueño, donde la eterna pauta
de las eternas liras se escucha: —Isla de Oro
en que el tritón erige su caracol sonoro
y la sirena blanca va a ver el sol—, un día
se oye un tropel vibrante de fuerza y de harmonía.

   Son los Centauros. Cubren la llanura. Les siente
la montaña. De lejos, forman son de torrente
que cae; su galope al aire que reposa
despierta, y estremece la hoja del laurel-rosa.

   Son los Centauros. Unos, enormes, rudos; otros
alegres y saltantes como jóvenes potros;
unos, con largas barbas como los padres-ríos;
otros, imberbes, ágiles y de piafantes bríos,
y de robustos músculos, brazos y lomos, aptos
para soportar las ninfas rosadas en los raptos.

Van en galope rítmico. Junto a un fresco boscaje,
frente al gran Océano, se paran. El paisaje
recibe, de la urna matinal, luz·sagrada
que el vasto azul suaviza con límpida mirada.
Y oyen seres terrestres y habitantes marinos
la voz de los crinados cuadrúpedos divinos.

QUIRON

Calladas las bocinas a los tritones gratas,
calladas las sirenas de labios escarlatas,
los carrillos de Eolo desinflados, digamos
junto al laurel ilustre de florecidos ramos
la gloria inmarcesible de las Musas hermosas
y el triunfo del terrible misterio de las cosas.
He aquí que renacen los lauros milenarios;
vuelven a dar su luz los viejos lampadarios;
y anímase en mi cuerpo de Centauro inmortal
la sangre del celeste caballo paternal.

RETO

Arquero luminoso, desde el Zodíaco llegas;
aún presas en las crines tienes abejas griegas;
aún del dardo herakleo muestras la roja herida
por do salir no pudo la esencia de tu vida.
¡Padre y Maestro excelso! Eres la fuente sana
de la verdad que busca la triste raza humana:
aún Esculapio sigue la vena de tu ciencia;
siempre el veloz Aquiles sustenta su existencia
con el manjar salvaje que le ofreciste un día,
y Herakles, descuidando su maza, en la harmonía
de los astros, se eleva bajo el cielo nocturno...

QUIRON

La ciencia es flor del tiempo: mi padre fue Saturno.

ABANTES

Himnos a la sagrada Naturaleza; al vientre
de la tierra y al germen que entre las rocas y entre
las carnes de los árboles, y dentro humana forma,
es un mismo secreto y es una misma norma:
potente y sutilísimo, universal resumen
de la suprema fuerza, de la virtud del Numen.

QUIRON

¡Himnos! Las cosas tienen un ser vital: las cosas
tienen raros aspectos, miradas misteriosas;
toda forma es un gesto, una cifra, un enigma;
en cada átomo existe un incógnito estigma;
cada hoja de cada árbol canta un propio cantar
y hay un alma en cada una de las gotas del mar;
el vate, el sacerdote, suele oír el acento
desconocido; a veces enuncia el vago viento
un misterio, y revela una inicial la espuma
o la flor; y se escuchan palabras de la bruma.
Y el hombre favorito del numen, en la linfa
o la ráfaga, encuentra mentor: —demonio o ninfa.

FOLO

El biforme ixionida comprende de la altura,
por la materna gracia, la lumbre que fulgura,
la nube que se anima de luz y que decora
el pavimento en donde rige su carro Aurora,
y la banda de Iris que tiene siete rayos
cual la lira en sus brazos siete cuerdas; los mayos
en la fragante tierra llenos de ramos bellos,
y el Polo coronado de cándidos cabellos.
El ixionida pasa veloz por la montaña,
rompiendo con el pecho de la maleza huraña
los erizados brazos, las cárceles hostiles;
escuchan sus orejas los ecos más sutiles;
sus ojos atraviesan las intrincadas hojas,
mientras sus manos toman para sus bocas rojas
las frescas bayas altas que el sátiro codicia;
junto a la oculta fuente su mirada acaricia
las curvas de las ninfas del séquito de Diana;
pues en su cuerpo corre también la esencia humana,
unida a la corriente de la savia divina
y a la salvaje sangre que hay en la bestia equina.
Tal el hijo robusto de Ixión y de la Nube.

QUIRON

Sus cuatro patas, bajan; su testa erguida, sube.

ORNEO

Yo comprendo el secreto de la bestia. Malignos
seres hay y benignos. Entre ellos se hacen signos

de bien y mal, de odio o de amor, o de pena
o gozo; el cuervo es malo y la torcaz es buena.

QUIRON

Ni es la torcaz benigna ni es el cuervo protervo:
son formas del Enigma la paloma y el cuervo.

ASTILO

El Enigma es el soplo que hace cantar la lira.

NESO

¡El Enigma es el rostro fatal de Deyanira!
Mi espalda aún guarda el dulce perfume de la bella;
aún mis pupilas llama su claridad de estrella.
¡Oh aroma de su sexo!, ¡oh rosas y alabastros!,
¡oh envidia de las flores y celos de los astros!

QUIRON

Cuando del sacro abuelo la sangre luminosa
con la marina espuma formara nieve y rosa,
hecha de rosa y nieve nació la Anadiomena.
Al cielo alzó los brazos la lírica sirena;
los curvos hipocampos sobre las verdes ondas
levaron los hocicos; y caderas redondas,
tritónicas melenas y dorsos de delfines
junto a la Reina nueva se vieron. Los confines
del mar llenó el grandioso clamor; el universo

sintió que un nombre harmónico, sonoro como un
[verso,
llenaba el hondo hueco de la altura: ese nombre
hizo gemir la tierra de amor: fue para el hombre
más alto que el de Jove, y los números mismos
lo oyeron asombrados; los lóbregos abismos
tuvieron una gracia de luz. ¡VENUS impera!
Ella es entre las reinas celestes la primera,
pues es quien tiene el fuerte poder de la Hermosura.
¡Vaso de miel y mirra brotó de la amargura!
Ella es la más gallarda de las emperatrices,
princesa de los gérmenes, reina de las matrices,
señora de las savias y de las atracciones,
señora de los besos y de los corazones.

EURITO

¡No olvidaré los ojos radiantes de Hipodamia!

HIPEA

Yo sé de la hembra humana la original infamia.
Venus anima artera sus máquinas fatales;
tras los radiantes ojos ríen traidores males,
de su floral perfume se exhala sutil daño;
su cráneo obscuro alberga bestialidad y engaño.
Tiene las formas puras del ánfora, y la risa
del agua que la brisa riza y el sol irisa;
mas la ponzoña ingénita su máscara pregona:
mejores son el águila, la yegua y la leona.
De su húmeda impureza brota el calor que enerva
los mismos sacros dones de la imperial Minerva;
y entre sus duros pechos, lirios del Aqueronte,
hay un olor que llena la barca de Caronte.

ODITES

Como una miel celeste hay en su lengua fina;
su piel de flor, aún húmeda está de agua marina.
Yo he visto de Hipodamia la faz encantadora,
la cabellera espesa, la pierna vencedora.
Ella de la hembra humana fuera ejemplar augusto;
ante su rostro olímpico no habría rostro adusto;
las Gracias junto a ella quedarían confusas,
y las ligeras Horas y las sublimes Musas
por ella detuvieran sus giros y su canto.

HIPEA

Ella la causa fuera de inenarrable espanto:
por ella el ixionida dobló su cuello fuerte.
La hembra humana es hermana del Dolor y la Muerte.

QUIRON

Por suma ley, un día llegará el himeneo
que el soñador aguarda: Cinis será Ceneo;
claro será el origen del femenino arcano:
la Esfinge tal secreto dirá a su soberano.

CLITO

Naturaleza tiende sus brazos y sus pechos
a los humanos seres; la clave de los hechos
conócela el vidente: Homero, con su báculo;
en su gruta Deifobe, la lengua del Oráculo.

CAUMANTES

El monstruo expresa un ansia del corazón del Orbe;
en el Centauro el bruto la vida humana absorbe;
el sátiro es la selva sagrada y la lujuria:
une sexuales ímpetus a la harmoniosa furia;
Pan junta la soberbia de la montaña agreste
al ritmo de la inmensa mecánica celeste;
la boca melodiosa que atrae en Sirenusa,
es la fiera alada y es de la suave musa;
con la bicorne bestia Pasifae se ayunta.
Naturaleza sabia, formas diversas junta,
y cuando tiende al hombre la gran Naturaleza,
el monstruo, siendo el símbolo, se viste de belleza.

GRINEO

Yo amo lo inanimado que amó el divino Hesiodo.

QUIRON

Grineo, sobre el mundo tiene un ánima todo.

GRINEO

He visto, entonces, raros ojos fijos en mí:
los vivos ojos rojos del alma del rubí;
los ojos luminosos del alma del topacio,
y los de la esmeralda que del azul espacio
la maravilla imitan; los ojos de las gemas
de brillos peregrinos y mágicos emblemas.

Amo el granito duro que el arquitecto labra
y el mármol en que duerme la línea y la palabra.

QUIRON

A Deucalión y a Pirra, varones y mujeres,
las piedras aún intactas, dijeron: «¿Qué nos quieres?»

LICIDAS

Yo he visto los lemures flotar, en los nocturnos
instantes, cuando escuchan los bosques taciturnos
el loco grito de Atis que su dolor revela
o la maravillosa canción de Filomela.
El galope apresuro, si en el boscaje miro
manes que pasan, y oigo su fúnebre suspiro.
Pues de la Muerte el hondo, desconocido Imperio,
guarda el pavor sagrado de su fatal misterio.

ARNEO

La Muerte es de la Vida la inseparable hermana.

QUIRON

La Muerte es la victoria de la progenie humana.

MEDON

¡La Muerte! Yo la he visto. No es demacrada y
[mustia,
ni ase corva guadaña, ni tiene faz de angustia.

Es semejante a Diana, casta y virgen como ella;
en su rostro hay la gracia de la núbil doncella
y lleva una guirnalda de rosas siderales.
En su siniestra tiene verdes palmas triunfales,
y en su diestra una copa con agua del olvido.
A sus pies, como un perro, yace un amor dormido.

AMICO

Los mismos dioses buscan la dulce paz que vierte.

QUIRON

La pena de los dioses es no alcanzar la Muerte.

EURETO

Si el hombre —Prometeo— pudo robar la vida,
la clave de la Muerte seréle concedida.

QUIRON

La virgen de las vírgenes es inviolable y pura.
Nadie su casto cuerpo tendrá en la alcoba obscura,
ni beberá en sus labios el grito de victoria,
ni arrancará a su frente las rosas de su gloria.

. . . .

*

Mas he aquí que Apolo se acerca al meridiano.
Sus truenos prolongados repite el Oceano.

Bajo el dorado carro del reluciente Apolo
vuelve a inflar sus carrillos y sus odres Eolo.
A lo lejos, un templo de mármol se divisa
entre laureles-rosa que hace cantar la brisa.
Con sus vibrantes notas, de Céfiro desgarra
la veste transparente la helénica cigarra,
y por el llano extenso van en tropel sonoro
los Centauros, y al paso, tiembla la Isla de Oro.

VARIA

A Luis Berisso.

EL POETA PREGUNTA POR STELLA

Lirio divino, lirio de las Anunciaciones:
lirio, florido príncipe,
hermano perfumado de las estrellas castas,
joya de los abriles.

A ti las blancas dianas de los parques ducales,
los cuellos de los cisnes,
las místicas estrofas de cánticos celestes,
y en el sagrado empíreo, la mano de las vírgenes.

Lirio, boca de nieve donde sus dulces labios
la primavera imprime:
en tus venas no corre la sangre de las rosas pecadoras,
sino el ícor excelso de las flores insignes.

Lirio real y lírico,
que naces con la albura de las hostias sublimes,
de las cándidas perlas
y del lino sin mácula de las sobrepellices:

¿has visto acaso el vuelo del alma de mi Stella,
la hermana de Ligeia, por quien mi canto a veces es
[tan triste?

PORTICO [1]

Libre la frente que el casco rehusa
casi desnuda en la gloria del día,
alza su tirso de rosas la musa
bajo el gran sol de la eterna Harmonía.

Es Floreal, eres tú, Primavera,
quien la sandalia calzó a su pie breve;
ella, de tristes nostalgias muriera
en el país de los cisnes de nieve.

Griega es su sangre, su abuelo era ciego;
sobre la cumbre del Pindo sonoro
el sagitario del carro de fuego
puso en su lira las cuerdas de oro.

Y bajo el pórtico blanco de Paros,
y en los boscajes de frescos laureles,
Píndaro diole sus ritmos preclaros
diole Anacreonte sus vinos y mieles.

Toda desnuda, en los claros diamantes
que en la Castalia recaman las linfas,
viéronla tropas de faunos saltantes,
cual la más fresca y gentil de las ninfas.

[1] Para el libro *En tropel,* del poeta español Salvador Rueda, 1892.

Y en la fragante, harmoniosa floresta,
puesto a los ecos su oído de musa,
Pan sorprendióla escuchando la orquesta
que él daba al viento con su cornamusa.

Ella resurge después en el Lacio,
siendo del tedio su lengua exterminio;
lleva a sus labios la copa de Horacio,
bebe falerno en su ebúrneo triclinio.

Pájaro errante, ideal golondrina,
vuela de Arabia a un confín solitario,
y ve pasar en su torre argentina
a un rey de Oriente sobre un dromedario;

rey misterioso, magnífico y mago,
dueño opulento de cien Estambules,
y a quien un genio brindara en un lago
góndolas de oro en las aguas azules.

Ese es el rey más hermoso que el día,
que abre a la musa las puertas de Oriente;
ése es el rey del país Fantasía,
que lleva un claro lucero en la frente.

Es en Oriente donde ella se inspira,
en las moriscas exóticas zambras;
donde primero contempla y admira
las cinceladas divinas alhambras;

las muelles danzas en las alcatifas,
donde la mora sus velos desata;
los pensativos y viejos kalifas
de ojos obscuros y barbas de plata.

Es una bella y alegre mañana
cuando su vuelo la musa confía
a una errabunda y fugaz caravana
que hace del viento su brújula y guía.

Era la errante familia bohemia,
sabia en extraños conjuros y estigmas,
que une en su boca plegaria y blasfemia,
nombres sonoros y raros enigmas;

que ama los largos y negros cabellos,
danzas lascivas y finos puñales,
ojos llameantes de vivos destellos,
flores sangrientas de labios carnales.

Y con la gente morena y huraña
que a los caprichos del aire se entrega,
hace su entrada triunfal en España,
fresca y rïente, la rítmica griega.

Mira las cumbres de Sierra Nevada,
las bocas rojas de Málaga, lindas,
y en un pandero su mano rosada
fresas recoge, claveles y guindas.

Canta y resuena su verso de oro,
ve de Sevilla las hembras de llama,
sueña y habita en la Alhambra del moro;
y en sus cabellos perfumes derrama.

Busca del pueblo las penas, las flores,
mantos bordados de alhajas de seda,
y la guitarra que sabe de amores,
cálida y triste querida de Rueda.

(Urna amorosa de voz femenina,
caja de música, duelo y placer;
tiene el acento de un alma divina,
talle y caderas como una mujer.)

Va del tablado flamenco a la orilla
y ase en sus palmas los crótalos negros,
mientras derrocha la audaz seguidilla
bruscos acordes y raudos alegros.

Ritma los pasos, modula los sones,
ebria risueña de un vino de luz;
hace que brillen los ojos gachones,
negros diamantes del patio andaluz.

Campo y pleno aire refrescan sus alas;
ama los nidos, las cumbres, las cimas;
vuelve del campo vestida de galas,
cuelga a su cuello collares de rimas.

En su tesoro de reina de Saba,
guarda en secreto celestes emblemas;
flechas de fuego en su mágica aljaba,
perlas, rubíes, zafiros y gemas.

Tiene una corte pomposa de majas.
Suya es la chula de rostro risueño,
suyas las juergas, las curvas navajas
ebrias de sangre y licor malagueño.

Tiene por templo un alcázar marmóreo:
guárdalo esfinge de rostro egipciaco;
y cual labrada en un bloque hiperbóreo,
Venus, enfrente de un triunfo de Baco,

dentro presenta sus formas de nieve,
brinda su amable sonrisa de piedra,
mientras se enlaza en un bajo-relieve
a una drïada ceñida de hiedra

un joven fauno robusto y violento,
dulce terror de las ninfas incautas,
al son triunfante que lanzan al viento
tímpanos, liras y sistros y flautas.

Ornan los muros mosaicos y frescos,
áureos pedazos de un sol fragmentario,
iris trenzados en mil arabescos,
joyas de un hábil cincel lapidario.

Y de la eterna Belleza en el ara,
ante su sacra y grandiosa escultura,
hay una lámpara en albo carrara,
de una eucarística y casta blancura.

Fuera, el frondoso jardín del poeta
ríe en su fresca y gentil hermosura;
ágata, perla, amatista, violeta,
verdor eglógico y tibia espesura.

Una andaluza despliega su manto
para el poeta de música eximia;
rústicos Títiros cantan su canto;
bulle el hervor de la alegre vendimia.

Ya es un tropel de bacantes modernas
el que despierta las locas lujurias;
ya, húmeda y triste de lágrimas tiernas,
da su gemido la gaita de Asturias.

Francas fanfarrias de cobres sonoros,
labios quemantes de humanas sirenas,
ocres y rojos de plazas de toros,
fuegos y chispas de locas verbenas.

*

Joven homérida, un día su tierra
viole que alzaba soberbio estandarte,
buen capitán de la lírica guerra,
regio cruzado del reino del arte.

Viole con yelmo de acero brillante,
rica armadura sonora a su paso,
firme tizona, broncíneo olifante,
listo y piafante su excelso pegaso.

Y de la brega tornar viole un día
de su victoria en los bravos tropeles
bajo el gran sol de la eterna Harmonía,
dueño de verdes y nobles laureles.

Fue aborrecido de Zoilo, el verdugo.
Fue por la gloria su estrella encendida.
Y esto pasó en el reinado de Hugo,
emperador de la barba florida.

ELOGIO DE LA SEGUIDILLA

Metro mágico y rico que al alma expresas
llameantes alegrías, penas arcanas,
desde en los suaves labios de las princesas
hasta en las bocas rojas de las gitanas.

75

Las almas harmoniosas buscan tu encanto,
sonora rosa métrica, que ardes y brillas,
y España ve en tu ritmo, siente en tu canto
sus hembras, sus claveles, sus manzanillas.

Vibras al aire, alegre, como una cinta;
el músico te adula, te ama el poeta;
Rueda en ti sus fogosos paisajes pinta
con la audaz policromía de su paleta.

En ti el hábil orfebre cincela el marco
en que la idea-perla su oriente acusa,
o en tu cordaje harmónico formas el arco
con que lanza sus flechas la airada musa.

A tu voz, en el baile, crujen las faldas,
los piececitos hacen brotar las rosas,
e hilan hebras de amores las Esmeraldas
en ruecas invisibles y misteriosas.

La andaluza hechicera, paloma arisca,
por ti irradia, se agita, vibra y se quiebra,
con el lánguido gesto de la odalisca
o las fascinaciones de la culebra.

Pequeña ánfora lírica, de vino llena,
compuesto por la dulce musa Alegría
con uvas andaluzas, sal macarena,
flor y canela frescas de Andalucía.

Subes, creces y vistes de pompas fieras;
retumbas en el ruido de las metrallas,
ondulas con el ala de las banderas,
suenas con los clarines de las batallas.

Tienes toda la lira; tienes las manos
que acompasan las danzas y las canciones;
tus órganos, tus prosas, tus cantos llanos
y tus llantos que parten los corazones.

Ramillete de dulces trinos verbales,
jabalina de Diana la Cazadora;
ritmo que tiene el filo de cien puñales,
que muerde y acaricia, mata y enflora.

Las Tirsis campesinas de ti están llenas,
y aman, radiosa abeja, tus bordoncos;
así riegas tus chispas las Nochebuenas
como adornas la lira de los Orfeos.

Que bajo el sol dorado de Manzanilla
que esta azulada concha de cielo baña,
polítona y triunfante, la seguidilla
es la flor del sonoro Pindo de España.

Madrid, 1892.

EL CISNE

A Ch. Del Gouffre.

Fue en una hora divina para el género humano.
El cisne antes cantaba sólo para morir.
Cuando se oyó el acento del Cisne wagneriano
fue en medio de una aurora, fue para revivir.

Sobre las tempestades del humano oceano
se oye el canto del Cisne; no se cesa de oír,
dominando el martillo del viejo Thor germano
o las trompas que cantan la espada de Argantir.

¡Oh Cisne! ¡Oh sacro pájaro! Si antes la blanca
                       [Helena
del huevo azul de Leda brotó de gracia llena,
siendo'de la Hermosura la princesa inmortal,

bajo tus blancas alas la nueva Poesía
concibe en una gloria de luz y de harmonía
la Helena eterna y pura que encarna el ideal.

LA PAGINA BLANCA

A A. Lamberti.

Mis ojos miraban en la hora de ensueños
              la página blanca.

Y vino el desfile de ensueños y sombras.
Y fueron mujeres de rostros de estatua,
mujeres de rostro de estatuas de mármol,
¡tan tristes, tan dulces, tan suaves, tan pálidas!

Y fueron visiones de extraños poemas,
de extraños poemas de besos y lágrimas,
¡de historias que dejan en crueles instantes
las testas viriles cubiertas de canas!

¡Qué cascos de nieve que pone la suerte!
¡Qué arrugas precoces cincela en la cara!
¡Y cómo se quiere que vayan ligeros
los tardos camellos de la caravana!

Los tardos camellos
—como las figuras en un panorama—,
cual si fuese un desierto de hielo,
atraviesa la página blanca.

Este lleva
una carga
de dolores y angustias antiguas,
angustias de pueblos, dolores de razas;
¡dolores y angustias que sufren los Cristos
que vienen al mundo de víctimas trágicas!

Otro lleva
en la espalda
el cofre de ensueños, de perlas y oro,
que conduce la reina de Saba.

Otra lleva
una caja
en que va, dolorosa difunta,
como un muerto lirio, la pobre Esperanza.

Y camina sobre un dromedario
la Pálida,
la vestida de ropas obscuras,
la Reina invencible, la bella inviolada:
la Muerte.

¡Y el hombre,
a quien duras visiones asaltan,
el que encuentra en los astros del cielo
prodigios que abruman y signos que espantan,

mira al dromedario
de la caravana
como el mensajero que la luz conduce,
en el vago desierto que forma
la página blanca!

AÑO NUEVO

A J. Piquet.

A las doce de la noche, por las puertas de la gloria,
y al fulgor de perla y oro de una luz extraterrestre,
sale en hombros de cuatro ángeles, y en su silla
[gestatoria
San Silvestre.

Más hermoso que un rey mago, lleva puesta la tïara,
de que son bellos diamantes Sirio, Arturo y Orïón;
y el anillo de su diestra, hecho cual si fuese para
Salomón.

Sus pies cubren los joyeles de la Osa adamantina,
y su capa raras piedras de una ilustre Visapur:
y colgada sobre el pecho resplandece la divina
   Cruz del Sur.

Va el pontífice hacia Oriente; ¿va a encontrar el áureo
         [barco,
donde al brillo de la aurora viene en triunfo el rey Enero?
Ya la aljaba de Diciembre se fue toda por el arco
   del Arquero.

A la orilla del abismo misterioso de lo Eterno,
el inmenso Sagitario no se cansa de flechar;
le sustenta el frío Polo, le corona el blanco Invierno,
y le cubre los riñones el vellón azul del mar.

Cada flecha que dispara, cada flecha, es una hora;
doce aljabas, cada año, para él trae el rey Enero;
en la sombra se destaca la figura vencedora
   del Arquero.

Al redor de la figura del gigante se oye el vuelo
misterioso y fugitivo de las almas que se van,
y el rüido con que pasa por la bóveda del cielo
con sus almas membranosas el murciélago Satán.

San Silvestre, bajo el palio de un zodiaco de virtudes,
del celeste Vaticano se detiene en los umbrales,
mientras himnos y motetes canta un coro de laúdes
   inmortales.

Reza el santo y pontifica; y al mirar que viene el barco
donde en triunfo llega Enero,
ante Dios bendice al mundo; y su brazo abarca el arco
        y el Arquero.

SINFONIA EN GRIS MAYOR

El mar, como un vasto cristal azogado,
refleja la lámina de un cielo de zinc;
lejanas bandadas de pájaros manchan
el fondo bruñido de pálido gris.

El sol, como un vidrio redondo y opaco,
con paso de enfermo camina al cenit;
el viento marino descansa en la sombra
teniendo la almohada su negro clarín.

Las ondas, que mueven su vientre de plomo,
debajo del muelle parecen gemir.
Sentado en un cable, fumando su pipa,
está un marinero pensando en las playas
de un vago, lejano, brumoso país.

Es viejo ese lobo. Tostaron su cara
los rayos de fuego del sol del Brasil;
los recios tifones del mar de la China
le han visto bebiendo su frasco de *gin*.

La espuma, impregnada de yodo y salitre,
ha tiempo conoce su roja nariz,
sus crespos cabellos, sus bíceps de atleta,
su gorra de lona, su blusa de dril.

En medio del humo que forma el tabaco,
ve el viejo el lejano, brumoso país,
adonde una tarde caliente y dorada,
tendidas las velas, partió el bergantín...

La siesta del trópico. El lobo se duerme.
Ya todo lo envuelve la gama del gris.
Parece que un suave y enorme esfumino
del curvo horizonte borrará el confín.

La siesta del trópico. La vieja cigarra
ensaya su ronca guitarra senil,
y el grillo preludia su solo monótono
en la única cuerda que está en su violín.

LA DEA

A Alberto Ghiraldo.

Alberto, en el propíleo del templo soberano
donde Renán rezaba, Verlaine cantado hubiera.
Primavera una rosa de amor tiene en la mano;
y cerca de la joven y dulce Primavera,

Término su sonrisa de piedra brinda en vano
a la desnuda náyade y a la ninfa hechicera
que viene a la soberbia fiesta de la pradera
y del boscaje, en busca del lírico Sylvano.

Sobre su altar de oro se levanta la Dea
—tal en su aspecto icónico la virgen bizantina—:
toda belleza humana ante su luz es fea;

toda visión humana, a su luz es divina:
y ésa es la virtud sacra de la divina Idea
cuya alma es una sombra que todo lo ilumina.

EPITALAMIO BARBARO

A Lugones.

El alba aún no aparece en su gloria de oro.
Canta el mar con la música de sus ninfas en coro,
y el aliento del campo se va cuajando en bruma.
Teje la náyade el encaje de su espuma
y el bosque inicia el himno de sus flautas de pluma.
Es el momento en que el salvaje caballero
se ve pasar. La tribu aúlla, y el ligero
caballo es un relámpago, veloz como una idea.
A su paso, asustada, se para la marea;
la náyade interrumpe la labor que ejecuta
y el director del bosque detiene la batuta.

«¿Qué pasa?», desde el lecho pregunta Venus bella.
Y Apolo:

«Es Sagitario, que ha robado una estrella.»

†

VERLAINE

A Angel Estrada, poeta

RESPONSO

Padre y maestro mágico, liróforo celeste
que al instrumento olímpico y a la siringa agreste
     diste tu acento encantador;
¡Panida! ¡Pan tú mismo, que coros condujiste
hacia el propíleo sacro que amaba tu alma triste,
     al son del sistro y del tambor!

Que tu sepulcro cubra de flores Primavera;
que se humedezca el áspero hocico de la fiera,
     de amor, si pasa por allí;
que el fúnebre recinto visite Pan bicorne;
que de sangrientas rosas el fresco Abril te adorne,
     y de claveles de rubí.

Que si posarse quiere sobre la tumba el cuervo,
ahuyenten la negrura del pájaro protervo
     el dulce canto de cristal

que Filomena vierta sobre sus tristes huesos,
o la harmonía dulce de risas y de besos,
de culto oculto y florestal.

Que púberes canéforas te ofrenden el acanto;
que sobre tu sepulcro no se derrame el llanto,
sino rocío, vino, miel;
que el pámpano allí brote, las flores de Cíteres,
¡y que se escuchen vagos suspiros de mujeres
bajo un simbólico laurel!

Que si un pastor su pífano bajo el frescor del haya,
en amorosos días, como en Virgilio, ensaya,
tu nombre ponga en la canción;
y que la virgen náyade, cuando ese nombre escuche,
con ansias y temores entre las linfas luche,
llena de miedo y de pasión.

De noche, en la montaña, en la negra montaña
de las Visiones, pase gigante sombra extraña,
sombra de un Sátiro espectral;
que ella al centauro adusto con su grandeza asuste;
de una extra-humana flauta la melodía ajuste
a la harmonía sideral.

Y huya el tropel equino por la montaña vasta;
tu rostro de ultratumba bañe la luna casta
de compasiva y blanca luz;
y el Sátiro contemple, sobre un lejano monte,
una cruz que se eleve cubriendo el horizonte,
¡y un resplandor sobre la cruz!

CANTO DE LA SANGRE

A Miguel Escalada.

Sangre de Abel. Clarín de las batallas.
Luchas fraternales; estruendos, horrores;
flotan las banderas, hieren las metrallas.
y visten la púrpura los emperadores.

Sangre del Cristo. El órgano sonoro.
La viña celeste da el celeste vino;
y en el labio sacro del cáliz de oro
las almas se abrevan del vino divino.

Sangre de los martirios. El salterio.
Hogueras, leones, palmas vencedoras;
los heraldos rojos con que del misterio
vienen precedidas las grandes auroras.

Sangre que vierte el cazador. El cuerno.
Furias escarlatas y rojos destinos
forjan en las fraguas del obscuro Infierno
las fatales armas de los asesinos.

¡Oh sangre de las vírgenes! La lira.
Encanto de abejas y de mariposas.
La estrella de Venus desde el cielo mira
el púrpureo triunfo de las reinas rosas.

Sangre que la Ley vierte.
Tambor a la sordina.
Brotan las adelfas que riega la Muerte
y el rojo cometa que anuncia la ruina.

Sangre de los suicidas. Organillo.
Fanfarrias macabras, responsos corales
con que de Saturno celébrase el brillo
en los manicomios y en los hospitales.

RECREACIONES ARQUEOLOGICAS

A Julio L. Jaimes.

I.—FRISO

Cabe una fresca viña de Corinto
que verde techo presta al simulacro
del Dios viril, que artífice de Atenas
en intacto pentólico labrara,
un día alegre, al deslumbrar el mundo
la harmonía del carro de la Aurora,
y en tanto que arrullaban sus ternezas
dos nevadas palomas venusinas
sobre rosal purpúreo y pintoresco,
como olímpica flor de gracia llena
vi el bello rostro de la rubia Eunice.
No más gallarda se encamina al templo
canéfora gentil, ni más riente
llega la musa a quien favor prodiga
el divino Sminteo, que mi amada
al tender hacia mí sus tersos brazos.

*

Era la hora del supremo triunfo
concedido a mis lágrimas y ofrendas
por el poder de la celeste Cipris,
y era el ritmo potente de mi sangre
verso de fuego que al propicio numen
cantaba ardiente de la vida el himno.
Cuando mi boca en los bermejos labios
de mi princesa de cabellos de oro
licor bebía que afrentara al néctar,
por el sendero de fragantes mirtos
que guía al blanco pórtico del templo,
súbitas voces nuestras ansias turban.

*

Lírica procesión que al viento esparce
los cánticos rituales de Dionisio,
el evohé de las triunfales fiestas,
la algazara que enciende con su risa
la impúber tropa de saltantes niños,
y el vivo son de músicas sonoras
que anima el coro de bacantes ebrias.
En el concurso báquico, el primero,
regando rosas y tejiendo danzas,
garrido infante, de Eros por hermoso
émulo y par, risueño aparecía.
Y de él en pos, las ménades ardientes,
al aire el busto en que su pompa erigen
pomas ebúrneas; en la mano el sistro,
y las curvas caderas mal veladas
por las flotantes, desceñidas ropas,
alzaban sus cabezas que en consorcio
cincundaban la flor de Citerea
y el pámpano fragante de las viñas.

Aún me parece que mis ojos tornan
al cuadro lleno de color y fuerza:
dos robustos mancebos que los cabos
de cadenas metálicas empuñan,
y cuyo porte y músculos de Ares
divinos dones son, pintada fiera
que felino pezón nutrió en Hircania,
con gesto heroico entre la turba rigen;
y otros dos, un leopardo cuyo cuello
gracias de Flora ciñen y perfuman,
y cuyos ojos en las anchas cuencas
de furia henchidos, sanguinosos giran.
Pétalos y uvas el sendero alfombran,
y desde el campo azul do el Sagitario
de coruscantes flechas resplandece,
las urnas de la luz la tierra bañan.

*

Pasó el tropel. En la cercana selva
lúgubre resonaba el grito de Atis,
triste pavor de la inviolable ninfa.
Deslizaba su paso misterioso
el apacible coro de las Horas.
Eco volvía la acordada queja
de la flauta de Pan. Joven gallardo,
más hermoso que Adonis y Narciso,
con el aire gentil de los efebos
y la lira en las manos, al boscaje
como lleno de luz se dirigía.
Amor pasó por su dorada antorcha.
Y no lejos del nido en que las aves,
las dos aves de Cipris, sus arrullos
cual tiernas rimas a los aires dieran,

fui más feliz que el luminoso cisne
que vio de Leda la inmortal blancura
y Eunice pudo al templo de la diosa
purpúrea ofrenda y tórtolas amables
llevar, el día en que mi regio triunfo
vio el Dios viril, en mármol cincelado
cabe la fresca viña de Corinto.

II.—PALIMPSESTO

Escrita en viejo dialecto eolio
hallé esta página dentro un infolio,
y entre los libros de un monasterio
del Venerable San Agustín.
Un fraile acaso puso el escolio
que allí se encuentra; dómine serio
de flacas manos y buen latín.
Hay sus lagunas.

                    ...Cuando los toros
de las campañas, bajo los oros
que vierte el hijo de Hiperïón,
pasan mugiendo, y en las eternas
rocas salvajes de las cavernas
esperezándose ruge el león;

   cuando en las vírgenes y verdes parras
sus secas notas dan las cigarras,
y en los panales de Himeto deja
su rubia carga la leve abeja
que en bocas rojas chupa la miel,

junto a los mirtos, bajo los lauros,
en grupo lírico van los centauros
con la harmonía de su tropel.

Uno las patas rítmicas mueve,
otro alza el cuello con gallardía,
como un hermoso bajo-relieve
que a golpes mágicos Scopas haría;
otro alza al aire las manos blancas,
mientras le dora las finas ancas
con baño cálido la luz del sol;
y otro, saltando piedras y troncos,
va dando alegre sus gritos roncos
como el rüido de un caracol.

Silencio. Señas hace ligero
el que en la tropa va delantero;
porque a un recodo de la campaña
llegan, en donde Diana se baña.
Se oye el rüido de claras linfas
y la algazara que hacen las ninfas.
Risa de plata que el aire riega,
hasta sus ávidos oídos llega;
golpes en la onda, palabras locas,
gritos joviales de frescas bocas,
y los ladridos de la traílla
que Diana tiene junto a la orilla
del fresco río, donde está ella,
blanca y desnuda como una estrella.

Tanta blancura, que al cisne injuria,
abre los ojos de la lujuria;
sobre las márgenes y rocas áridas

vuela el enjambre de las cantáridas
con su bruñido verde metálico,
siempre propicias al culto fálico.
Amplias caderas, pie fino y breve;
las dos colinas de rosa y nieve...
¡Cuadro soberbio de tentación!
¡Ay del cuitado que a ver se atreve
lo que fue espanto para Acteón!
Cabellos rubios, mejillas tiernas,
marmóreos cuellos, rosadas piernas,
gracias ocultas del lindo coro,
en el herido cristal sonoro;
seno en que hiciérase sagrada copa:
tal ve, en silencio, la ardiente tropa.

¿Quién adelanta su firme busto?
¿Quirón experto? ¿Folo robusto?
Es el más joven y es el más bello;
su piel es blanca, crespo el cabello,
los cascos finos, y en la mirada
brilla del sátiro la llamarada.
En un instante, veloz y listo,
a una tan bella como Kalisto,
ninfa que la alta diosa acompaña,
saca de la onda donde se baña:
la grupa vuelve, raudo galopa;
tal iba el toro raptor de Europa
con el orgullo de su conquista.

¿A dó va Diana? Viva la vista,
la planta alada, la cabellera
mojada y suelta; terrible, fiera,
corre del monte por la extensión;

ladran sus perros enfurecidos;
entre sus dedos humedecidos
lleva una flecha para el ladrón.

Ya a los centauros a ver alcanza
la cazadora; ya el dardo lanza,
y un grito se oye de hondo dolor:
la casta diva de la venganza
mató al raptor…

La tropa rápida se esparce huyendo,
forman los cascos sonoro estruendo.
Llegan las ninfas. Lloran. ¿Qué ven?
En la carrera, la cazadora
con su saeta castigadora
a la robada mató también.

EL REINO INTERIOR

A Eugenio de Castro.
... with Psychis, my soul!
Poe.

Una selva suntuosa
en el azul celeste su rudo perfil calca.
Un camino. La tierra es de color de rosa,
cual la que pinta fra Doménico Cavalca
en sus Vidas de santos. Se ven extrañas flores
de la flora gloriosa de los cuentos azules,
y entre las ramas encantadas, papemores
cuyo canto extasiara de amor a los bulbules.
(Papemor: ave rara; *Bulbules:* ruiseñores.)

*

Mi alma frágil se asoma a la ventana obscura
de la torre terrible en que ha treinta años sueña.
La gentil Primavera, primavera le augura.
La vida le sonríe rosada y halagüeña.
Y ella exclama: «¡Oh fragante día! ¡Oh sublime día!
Se diría que el mundo está en flor; se diría
que el corazón sagrado de la tierra se mueve
con un ritmo de dicha; luz brota, gracia llueve.

¡Yo soy la prisionera que sonríe y que canta!»
Y las manos liliales agita, como infanta
real en los balcones del palacio paterno.

*

¿Qué són se escucha, son lejano, vago y tierno?
Por el lado derecho del camino, adelante
el paso leve, una adorada teoría
virginal. Siete blancas doncellas, semejantes
a siete blancas rosas de gracia y de harmonía
que el alba constelara de perlas y diamantes.
¡Alabastros celestes habitados por astros:
Dios se refleja en esos dulces alabastros!
Sus vestes son tejidas del lino de la luna.
Van descalzas. Se mira que posan el pie breve
sobre el rosado suelo, como una flor de nieve.
Y los cuellos se inclinan, imparciales, en una
manera que lo excelso pregona de su origen.
Como al compás de un verso, su paso suave rigen,
tal del divino Sandro dejara en sus figuras
esos graciosos gestos en esas líneas puras.
Como a un velado són de liras y laúdes
divinamente blancas y castas pasan esas
siete bellas princesas. Y esas bellas princesas
son las siete Virtudes.

*

Al lado izquierdo del camino y paralela-
mente, siete mancebos —oro, seda, escarlata,
armas ricas de Oriente—, hermosos, parecidos
a los satanes verlenianos de Ecbatana,

vienen también. Sus labios sensuales y encendidos,
de efebos criminales, son cual rosas sangrientas:
sus puñales, de piedras preciosas revestidos
—ojos de víboras de luces fascinantes—,
al cinto penden; arden las púrpuras violentas
en los jubones; ciñen las cabezas triunfantes
oro y rosas; sus ojos, ya lánguidos, ya ardientes,
son dos carbunclos mágicos de fulgor sibilino,
y en sus manos de ambiguos príncipes decadentes
relucen como gemas las uñas de oro fino.
Bellamente infernales,
llenan el aire de hechiceros veneficios
esos siete mancebos. Y son los siete Vicios,
los siete poderosos Pecados capitales.

*

Y los siete mancebos a las siete doncellas
lanzan vivas miradas de amor. Las Tentaciones,
de sus liras melifluas arrancan vagos sones.
Las princesas prosiguen, adorables visiones
en su blancura de palomas y de estrellas.

*

Unos y otros se pierden por la vía de rosa,
y el alma mía queda pensativa a su paso.
—«¡Oh! ¿Qué hay en ti, alma mía?
¡Oh! ¿Qué hay en ti, mi pobre infanta misteriosa?
¿Acaso piensas en la blanca teoría?
¿Acaso
los brillantes mancebos te atraen, mariposa?»

Ella no me responde.
Pensativa se aleja de la obscura ventana,
—pensativa y risueña,
de la Bella-durmiente del-Bosque tierna hermana—,
y se adormece en donde
hace treinta años sueña.

*

Y en sueño dice: «¡Oh dulces delicias de los cielos!
¡Oh tierra sonrosada que acarició mis ojos!
—¡Princesas, envolvedme con vuestros blancos velos!
—¡Príncipes, estrechadme con vuestros brazos
                                    [rojos!»

COSAS DEL CID

A Francisco A. de Icaza

Cuenta Barbey, en versos que valen bien su prosa,
una hazaña del Cid, fresca como una rosa,
pura como una perla. No se oyen en la hazaña
resonar en el viento las trompetas de España,
ni el azorado moro las tiendas abandona
al ver al sol el alma de acero de Tizona.

Babieca, descansando del huracán guerrero,
tranquilo pace, mientras el bravo caballero
sale a gozar del aire de la estación florida.
Ríe la Primavera, y el vuelo de la vida
abre lirios y sueños en el jardín del mundo.
Rodrigo de Vivar pasa, meditabundo,
por una senda en donde, bajo el sol glorïoso,
tendiéndole la mano, la detiene un leproso.

Frente a frente, el soberbio príncipe del estrago
y la victoria, joven, bello como Santiago,
y el horror animado, la viviente carroña
que infecta los suburbios de hedor y de ponzoña.
Y al Cid tiende la mano el siniestro mendigo,

y su escarcela busca y no encuentra Rodrigo.
—«¡Oh Cid, una limosna!», dice el precito.
—«Hermano.
¡te ofrezco la desnuda limosna de mi mano!»,
dice el Cid; y quitando su férreo guante, extiende
la diestra al miserable, que llora y que comprende.

*

Tal es el sucedido que el Condestable escancia
como un vino precioso en su copa de Francia.
Yo agregaré este sorbo de licor castellano:

*

Cuando su guantelete hubo vuelto a la mano
el Cid, siguió su rumbo por la primaveral
senda. Un pájaro daba su nota de cristal
en un árbol. El cielo profundo desleía
un perfume de gracia en la gloria del día.
Las ermitas lanzaban en el aire sonoro
su melodiosa lluvia de tórtolas de oro;
el alma de las flores iba por los caminos
a unirse a la piadosa voz de los peregrinos,
y el gran Rodrigo Díaz de Vivar, satisfecho,
iba cual si llevase una estrella en el pecho.
Cuando de la campiña, aromada de esencia
sutil, salió una niña vestida de inocencia:
una niña que fuera una mujer, de franca
y angélica pupila, y muy dulce y muy blanca.
Una niña que fuera un hada, o que surgiera
encarnación de la divina Primavera.

Y fue al Cid y le dijo: «Alma de amor y fuego,
por Jimena y por Dios un regalo te entrego,
esta rosa naciente y este fresco laurel!»

Y el Cid, sobre su yelmo las frescas hojas siente,
en su guante de hierro hay una flor naciente,
y en lo íntimo del alma como un dulzor de miel.

DEZIRES, LAYES Y CANCIONES

DEZIR

(A la manera de JOHAN DE DUENYAS)

Reina Venus, soberana
capitana
de deseos y pasiones,
en la tempestad humana
por ti mana
sangre de los corazones.
Una copa me dio el sino
y en ella bebí tu vino
y me embriagué de dolor,
pues me hizo experimentar
que en el vino del amor
hay la amargura del mar.

Di al olvido el turbulento
sentimiento,
y hallé un sátiro ladino
que dio a mi labio sediento
nuevo aliento,
nueva copa y nuevo vino.

Y al llegar la primavera
en mi roja sangre fiera
triple llama fue encendida:
yo al flamante amor entrego
la vendimia de mi vida
bajo pámpanos de fuego.

En la fruta misteriosa,
ámbar, rosa,
su deseo sacia el labio,
y en viva rosa se posa,
mariposa,
beso ardiente o beso sabio.
¡Bien haya el sátiro griego
que me enseñó el dulce juego!
En el reino de mi aurora
no hay ayer, hoy ni mañana;
danzo las danzas de ahora
con la música pagana.

FFINIDA

Bella a quien la suerte avara
ordenara
martirizarme a ternuras,
dio una negra perla rara
Luzbel para
tu diadema de locuras.

OTRO DEZIR

Ponte el traje azul, que más
conviene a tu rubio encanto.
Luego, Mía, te pondrás
otro, color de amaranto,
y el que rima con tus ojos,
y aquél de reflejos rojos
que a tu blancor sienta tanto.

En el obscuro cabello
pon las perlas que conquistas;
en el columbino cuello
pon el collar de amatistas,
y ajorcas en los tobillos
de topacios amarillos
y esmeraldas nunca vistas.

Un camarín te decoro
donde sabrás la lección
que dio a Angélica Medoro
y a Belkis dio Salomón;
arderá mi sangre loca,
y en el vaso de tu boca
te sorberé el corazón.

Luz de sueño, flor de mito,
tu admirable cuerpo canta
la gracia de Hermafrodito
con lo aéreo de Atalanta:
y de tu beldad ambigua,

la evocada musa antigua
su himno de carne levanta.

Del ánfora en que está el viejo
vino anacreóntico, bebe;
Febe arruga el entrecejo
y Juno arrugarlo debe,
mas la joven Venus ríe
y Eros su filtro deslíe.
en los cálices de Hebe.

LAY

(A la manera de JOHAN DE TORRES)

¿Qué pude yo hacer
para merecer
la ofrenda de ardor
de aquella mujer
a quien, como a Ester,
maceró el Amor?

Intenso licor,
perfume y color
me hiciera sentir
su boca de flor;
dile el alma por
tan dulce elixir.

CANCION

(A la manera de VALTIERRA)

Amor tu ventana enflora,
y tu amante esta mañana
preludia por ti una diana
en la lira de la Aurora.

Desnuda sale la bella,
y del cabello el tesoro
pone una nube de oro
en la desnudez de estrella;
y en la matutina hora,
de la clara fuente mana
la salutación pagana
de las náyades a Flora.

En el baño al beso incita
sobre el cristal de la onda
la sonrisa de Gioconda
en el rostro de Afrodita;
y el cuerpo que la luz dora,
adolescente, se hermana
con las formas de Dïana,
la celeste cazadora.

Y mientras la hermosa juega
con el sonoro diamante,
más encendido que amante
el fogoso amante llega
a su divina señora.

FFIN

Pan, de su flauta desgrana
un canto que, en la mañana,
perla a perla, ríe y llora.

QUE EL AMOR NO ADMITE
CUERDAS REFLEXIONES

(A la manera de SANTA FFE)

Señora, Amor es violento;
y cuando nos transfigura,
nos enciende el pensamiento
la locura.

No pidas paz a mis brazos,
que a los tuyos tienen presos;
son de guerra mis abrazos
y son de incendio mis besos;
y sería vano intento
el tornar mi mente obscura,
si me enciende el pensamiento
la locura.

Clara está la mente mía
de llamas de amor, señora,
como la tienda del día
o el palacio de la aurora.

Y el perfume de tu ungüento
te persigue mi ventura,
y me enciende el pensamiento
la locura.

Mi gozo tu paladar
rico panal conceptúa,
como en el santo Cantar:
Mel et lac sub lingua tua.
La delicia de tu aliento
en tan fino vaso apura,
y me enciende el pensamiento
la locura.

LOOR

(A la manera del mismo)

¿A qué comparar la pura
arquitectura
de tu cuerpo? ¿A una sutil
torre de oro y marfil?
¿O de Abril
a la *loggia* florecida?
Luz y vida
iluminan lo interior,
y el amor
tiene su antorcha encendida.

Quiera darme el garzón de Ida
la henchida
copa; y Juno, la oriental
pompa del pavón real;
su cristal
Castalia; y yo, apolonida,
la dormida
cuerda haré cantar para la
luz que está
dentro tu cuerpo prendida.

La blanca pareja unida
adormecida:
aves que bajo el corpiño
ha colocado el dios niño,
rosa, armiño,
mi mano sabia os convida
a la vida.
Por los boscosos senderos
viene Eros
a causar la dulce herida.

FIN

Señora, suelta la brida
y tendida
la crin, mi corcel de fuego
va; en él llego
a tu campaña florida.

COPLA ESPARCA

(A la manera del mismo)

¡La gata blanca! En el lecho
maya, se encorva, se extiende.
Un rojo rubí se enciende
sobre los globos del pecho.

Los desatados cabellos
la divina espalda aroman.
Bajo la camisa asoman
dos cisnes de negros cuellos.

TORNADA LIBRE

Princesa de mis locuras
que tus cabellos desatas,
di, ¿por qué las blancas gatas
gustan de sedas obscuras?

LAS ANFORAS DE EPICURO

LA ESPIGA

Mira el signo sutil que los dedos del viento
hacen al agitar el tallo que se inclina
y se alza en una rítmica virtud de movimiento.
Con el áureo pincel de la flor de la harina

trazan sobre la tela del firmamento
el misterio inmortal de la tierra divina
y el alma de las cosas que da su sacramento
en una interminable frescura matutina.

Pues en la paz del campo la faz de Dios asoma.
De las floridas urnas místico incienso aroma
el vasto altar en donde triunfa la azul sonrisa.

Aun verde está y cubierto de flores el madero,
bajo sus ramas llenas de amor pace el cordero
y en la espiga de oro y luz duerme la misa.

LA FUENTE

Joven, te ofrezco el don de esta copa de plata
para que un día puedas calmar la sed ardiente,
la sed que con su fuego más que la muerte mata.
Mas debes abrevarte tan sólo en una fuente.

Otra agua que la suya tendrá que serte ingrata;
basta su oculto origen en la gruta viviente
donde la interna música de su cristal desata,
junto al árbol que llora y la roca que siente.

Guíete el misterioso eco de su murmullo;
asciende por los riscos ásperos del orgullo;
baja por la constancia y desciende al abismo

cuya entrada sombría guardan siete panteras:
son los Siete Pecados las siete bestias fieras.
Llena la copa y bebe: la fuente está en ti mismo.

PALABRAS DE LA SATIRESA

Un día oí una risa bajo la fronda espesa;
vi brotar de lo verde dos manzanas lozanas;
erectos senos eran las lozanas manzanas
del busto que bruñía de sol la Satiresa.

Era una Satiresa de mis fiestas paganas,
que parece brotar clavel o rosa cuando besa
y furiosa y riente y que abrasa y que mesa,
con los labios manchados por las moras tempranas.

«Tú que fuiste —me dijo— un antiguo argonauta,
alma que el sol sonrosa y que la mar zafira,
sabe que está secreto de todo ritmo y pauta

en unir carne y alma a la esfera que gira,
y amando a Pan y Apolo en la lira y la flauta,
ser en la flauta Pan, como Apolo en la lira.»

LA ANCIANA

Pues la anciana me dijo: «Mira esta rosa seca
que encantó el aparato de su estación un día:
el tiempo que los muros altísimos derrueca
no privará este libro de su sabiduría.

En esos secos pétalos hay más filosofía
que la que darte pueda tu sabia biblioteca;
ella en mis labios pone la mágica harmonía
con que en mi torno encarno los sueños de mi rueca.»

«Sois un hada», le dije. «Soy un hada —me dijo—,
y de la primavera celebro el regocijo
dándoles vida y vuelo a estas hojas de rosa.»

Y transformóse en una princesa perfumada,
y en el aire sutil, de los dedos del hada
voló la rosa seca como una mariposa.

AMA TU RITMO...

Ama tu ritmo y ritma tus acciones
bajo su ley, así como tus versos;
eres un universo de universos,
y tu alma una fuente de canciones.

La celeste unidad que presupones,
hará brotar en ti mundos diversos;
y al resonar tus números dispersos
pitagoriza en tus constelaciones.

Escucha la retórica divina
del pájaro del aire y la nocturna
irradiación geométrica adivina;

mata la indiferencia taciturna,
y engarza perla y perla cristalina
en donde la verdad vuelca su urna.

A LOS POETAS RISUEÑOS

Anacreonte, padre de la sana alegría;
Ovidio, sacerdote de la ciencia amorosa;
Quevedo, en cuyo cáliz licor jovial rebosa;
Banville, insigne orfeo de la sacra Harmonía;

y con vosotros, toda la grey hija del día,
a quien habla el amante corazón de la rosa,
abejas que fabrican sobre la humana prosa
en sus Himetos mágicos mieles de poesía:

prefiero vuestra risa sonora, vuestra musa
risueña, vuestros versos perfumados de vino,
a los versos de sombra y a la canción confusa

que opone el numen bárbaro al resplandor latino;
y ante la fiera máscara de la fatal Medusa,
medrosa huye mi alondra de canto cristalino.

LA HOJA DE ORO

En el verde laurel que decora la frente
que besaron los sueños y pudieron las horas,
una hoja suscita como la luz naciente
en que entreabren sus ojos de fuego las auroras;

o las solares pompas, o las fastos de Oriente,
preseas bizantinas, diademas de Theodoras,
o la lejana Cólquida que el soñador presiente
y adonde los Jasones dirigirán las proras.

Hoja de oro rojo, mayor es tu valía,
pues para tus colores imperiales, evocas
con el triunfo de otoño y la sangre del día,

el marfil de las frentes, la brasa de las bocas,
y la autumnal tristeza de las vírgenes locas
por la Lujuria, madre de la Melancolía.

MARINA

Como al fletar mi barca con destino a Citeres
saludara a las olas, contestaron las olas
con un saludo alegre de voces de mujeres.
Y los faros celestes prendían sus farolas,
mientras temblaba el suave crepúsculo violeta.
«Adiós —dije—, países que me fuisteis esquivos;
adiós, peñascos enemigos del poeta;
adiós, costas en donde se secaron las viñas
y cayeron los términos en los bosques de olivos.
Parto para una tierra de rosas y de niñas,
para una isla melodiosa
donde más de una musa me ofrecerá una rosa.»
Mi barca era la misma que condujo a Gautier
y que Verlaine un día para Chipre fletó,
y provenía de
el divino astillero del divino Watteau.
Y era un celeste mar de ensueño,
y la luna empezaba en su rueca de oro
a hilar los mil hilos de su manto sedeño.
Saludaba mi paso de las brisas el coro
y a dos carrillos daba redondez a las velas.
En mi alma cantaban celestes filomelas,
cuando oí que en la playa sonaba como un grito.
Volví la vista y vi que era una ilusión
que dejara olvidada mi antiguo corazón.
Entonces, fijo del azur en lo infinito,
para olvidar del todo las amarguras viejas,
como Aquiles un día, me tapé las orejas.
Y les dije a las brisas: «Soplad, soplad más fuerte;
soplar hacia las costas de la isla de la Vida.»

Y en la playa quedaba, desolada y perdida,
una ilusión que aullaba como un perro a la Muerte.

DAFNE

¡Dafne, divina Dafne! Buscar quiero la leve
caña que corresponda a tus labios esquivos;
haré de ella mi flauta e inventaré motivos
que extasiarán de amor a los cisnes de nieve.

Al canto mío el tiempo parecerá más breve;
como Pan en el campo haré danzar los chivos;
como Orfeo tendré los leones cautivos,
y moveré el imperio de Amor que todo mueve.

Y todo será, Dafne, por la virtud secreta
que en la fibra sutil de la caña coloca
con la pasión del dios el sueño del poeta;

porque si de la flauta la boca mía toca
el sonoro carrizo, su misterio interpreta,
y la harmonía nace del beso de tu boca.

LA GITANILLA

A Carolus Durán.

Maravillosamente danzaba. Los diamantes
negros de sus pupilas vertían su destello;
era bello su rostro, era un rostro tan bello
como el de las gitanas de don Miguel Cervantes.

Ornábase con rojos claveles detonantes
la redondez obscura del casco del cabello;
y la cabeza, firme sobre el bronce del cuello,
tenía la patina de las horas errantes.

Las guitarras decían en sus cuerdas sonoras
las vagas aventuras y las errantes horas;
volaban los fandangos; daba el clavel fragancia;

la gitana, embriagada de lujuria y cariño,
sintió cómo caía dentro de su corpiño
el bello luis de oro del artista de Francia.

A MAESTRE GONZALO DE BERCEO

Amo tu delicioso alejandrino
como el de Hugo, espíritu de España;
este vale una copa de champaña,
como aquel vale «un vaso de bon vino».

Mas a uno y otro pájaro divino
la primitiva cárcel es extraña;
el barrote maltrata, el grillo daña,
que vuelo y libertad son su destino.

Así procuro que en la luz resalte
tu antiguo verso, cuyas alas doro
y hago brillar con mi moderno esmalte;

tiene la libertad con el decoro
y vuelve, como al puño el gerifalte,
trayendo del azul rimas de oro.

ALMA MIA

Alma mía, perdura en tu idea divina;
todo está bajo el signo de un destino supremo;
sigue en tu rumbo, sigue hasta el ocaso extremo
por el camino que hacia la Esfinge te encamina.

Corta la flor al paso, deja la dura espina;
en el río de oro lleva a compás el remo;
saluda al rudo arado del rudo Triptolemo,
y sigue como un dios que sus sueños destina...

Y sigue como un dios que la dicha estimula;
y mientras la retórica del pájaro te adula
y los astros del cielo te acompañan, y los

ramos de la Esperanza surgen primaverales,
atraviesa impertérrita por el bosque de males
sin temer las serpientes; y sigue, como un dios...

YO PERSIGO UNA FORMA...

Yo persigo una forma que no encuentra mi estilo,
botón de pensamiento que busca ser la rosa;
se anuncia con un beso que en mis labios se posa
al abrazo imposible de la Venus de Milo.

Adornan verdes palmas el blanco peristilo;
los astros me han predicho la visión de la Diosa;
y en mi alma reposa la luz, como reposa
el ave de la luna sobre un lago tranquilo.

Y no hallo sino la palabra que huye,
y la iniciación melódica que de la flauta fluye
y la barca del sueño que en el espacio boga;

y bajo la ventana de mi Bella-Durmiente,
el sollozo continuo del chorro de la fuente
y el cuello del gran cisne blanco que me interroga.

CANTOS DE
VIDA Y ESPERANZA,
LOS CISNES

Y OTROS POEMAS

A NICARAGUA.
A LA REPÚBLICA ARGENTINA.
R. D.

PREFACIO

Podría repetir aquí más de un concepto de las palabras liminares de *Prosas Profanas.* Mi respeto por la aristocracia del pensamiento, por la nobleza del Arte, siempre es el mismo. Mi antiguo aborrecimiento a la mediocridad, a la madurez intelectual, a la chatura estética, apenas si se aminora hoy con una razonada indiferencia.

El movimiento de libertad que me tocó iniciar en América se propagó hasta España, y tanto aquí como allá el triunfo está logrado. Aunque respecto a técnica tuviese demasiado que decir en el país en donde la expresión poética está anquilosada, a punto de que la momificación del ritmo ha llegado a ser un artículo de fe, no haré sino una corta advertencia. En todos los países cultos de Europa se ha usado del hexámetro absolutamente clásico, sin que la mayoría letrada y, sobre todo, la minoría leída, se asustasen de semejante manera de cantar. En Italia ha mucho tiempo, sin citar antiguos, que Carducci ha autorizado los hexámetros; en inglés, no me atrevería casi a indicar, por respeto a la cultura de mis lectores, que la *Evangelina,* de Longfellow, está en los mismos versos en que Horacio dijo sus mejores pensares. En cuanto al verso libre moderno..., ¿no es verdaderamente singular que en esta tierra de Quevedos y Góngoras los únicos innovadores del instrumento lírico, los únicos libertadores del ritmo, hayan sido los poetas del *Madrid Cómico* y los libretistas del género chico?

Hago esta advertencia porque la forma es lo que primeramente toca a las muchedumbres. Yo no soy un poeta para las muchedumbres. Pero sé que indefectiblemente tengo que ir a ellas.

Cuando dije que mi poesía era *mía, en mí,* sostuve la primera condición de mi existir, sin pretensión ninguna de causar sectarismo en mente o voluntad ajena, y en un intenso amor a lo absoluto de la belleza.

Al seguir la vida que Dios me ha concedido tener, he buscado expresarme lo más noble y altamente en mi comprensión. Voy diciendo mi verso con una modestia tan orgullosa, que solamente las espigas comprenden, y cultivo, entre otras flores, una cosa rosada, concreción de alba, capullo de porvenir, entre el bullicio de la literatura.

Si en estos cantos hay política, es porque aparece universal. Y si encontráis versos a un presidente, es porque son un clamor continental. Mañana podremos ser yanquis (y es lo más probable); de todas maneras, mi protesta queda escrita sobre las alas de los inmaculados cisnes, tan ilustres como Júpiter.

CANTOS DE VIDA Y ESPERANZA

A. J. Enrique Rodó

I

Yo soy aquel que ayer no más decía
el verso azul y la canción profana,
en cuya noche un ruiseñor había
que era alondra de luz por la mañana.

El dueño fui de mi jardín de sueño,
lleno de rosas y de cisnes vagos;
el dueño de las tórtolas, el dueño
de góndolas y liras en los lagos;

y muy siglo diez y ocho, y muy antiguo
y muy moderno; audaz, cosmopolita;
con Hugo fuerte y con Verlaine ambiguo,
y una sed de ilusiones infinita.

Yo supe de dolor desde mi infancia;
mi juventud…, ¿fue juventud la mía?,
sus rosas aún me dejan su fragancia,
una fragancia de melancolía…

Potro sin freno se lanzó mi instinto,
mi juventud montó potro sin freno;
iba embriagada y con puñal al cinto;
si no cayó, fue porque Dios es bueno.

En mi jardín se vio una estatua bella;
se juzgó mármol y era carne viva;
una alma joven habitaba en ella,
sentimental, sensible, sensitiva.

Y tímida ante el mundo, de manera
que, encerrada, en silencio, no salía
sino cuando en la dulce primavera
era la hora de la melodía...

Hora de ocaso y de discreto beso;
hora crepuscular y de retiro;
hora de madrigal y de embeleso,
de «te adoro», de «¡ay!», y de suspiro.

Y entonces era en la dulzaina un juego
de misteriosas gamas cristalinas,
un renovar de notas del Pan griego
y un desgranar de músicas latinas,

con aire tal y con ardor tan vivo,
que a la estatua nacían de repente
en el muslo viril patas de chivo
y dos cuernos de sátiro en la frente.

Como la Galatea gongorina
me encantó la marquesa verleniana,
y así juntaba a la pasión divina
una sensual hiperestesia humana;

todo ansia, todo ardor, sensación pura
y vigor natural; y sin falsía,
y sin comedia y sin literatura…:
si hay un alma sincera, esa es la mía.

La torre de marfil tentó mi anhelo;
quise encerrarme dentro de mí mismo,
y tuve hambre de espacio y sed de cielo
desde las sombras de mi propio abismo.

Como la esponja que la sal satura
en el jugo del mar, fue el dulce y tierno,
corazón mío, henchido de amargura
por el mundo, la carne y el infierno.

Mas, por gracia de Dios, en mi conciencia
el Bien supo elegir la mejor parte;
y si hubo áspera hiel en mi existencia,
melificó toda acritud el Arte.

Mi intelecto libré de pensar bajo,
bañó el agua castalia el alma mía,
peregrinó mi corazón y trajo
de la sagrada selva la armonía.

¡Oh, la selva sagrada! ¡Oh, la profunda
emanación del corazón divino
de la sagrada selva! ¡Oh, la fecunda
fuente cuya virtud vence al destino!

Bosque ideal que lo real complica,
allí el cuerpo arde y vive y Psiquis vuela;
mientras abajo el sátiro fornica,
ebria de azul deslíe Filomela

perla de ensueño y música amorosa
en la cúpula en flor de laurel verde,
Hipsipila sutil liba en la rosa,
y la boca del fauno el pezón muerde.

Allí va el dios en celo tras la hembra
y la caña de Pan se alza del lodo:
la eterna vida sus semillas siembra,
y brota la armonía del gran Todo.

El alma que entra allí debe ir desnuda,
temblando de deseo y fiebre santa,
sobre cardo heridor y espina aguda:
así sueña, así vibra y así canta.

Vida, luz y verdad, tal triple llama
produce la interior llama infinita;
el Arte puro como Cristo exclama:
Ego sum lux et veritas et vita!

Y la vida es misterio; la luz ciega
y la verdad inaccesible asombra;
la adusta perfección jamás se entrega,
y el secreto ideal duerme en la sombra.

Por eso ser sincero es ser potente:
de desnuda que está, brilla la estrella;
el agua dice el alma de la fuente
en la voz de cristal que fluye d'ella.

Tal fue mi intento, hacer del alma pura
mía, una estrella, una fuente sonora,
con el horror de la literatura
y loco de crepúsculo y de aurora.

Del crepúsculo azul que da la pauta
que los celestes éxtasis inspira;
bruma y tono menor —¡toda la flauta!
y Aurora, hija del Sol —¡toda la lira!

Pasó una piedra que lanzó una honda;
pasó una flecha que aguzó un violento.
La piedra de la honda fue a la onda,
y la flecha del odio fuese al viento.

La virtud está en ser tranquilo y fuerte;
con el fuego interior todo se abrasa;
se triunfa del rencor y de la muerte,
y hacia Belén..., ¡la caravana pasa!

II

SALUTACION DEL OPTIMISTA

Inclitas razas ubérrimas, sangre de Hispania fecunda,
espíritus fraternos, luminosas almas, ¡salve!
Porque llega el momento en que habrán de cantar nuevos
[himnos
lenguas de gloria. Un vasto rumor llena los ámbitos;
mágicas ondas de vida van renaciendo de pronto;
retrocede el olvido, retrocede engañada la muerte,
se anuncia un reino nuevo, feliz sibila sueña,
y en la caja pandórica de que tantas desgracias surgieron
encontramos de súbito, talismánica, pura, rïente,
cual pudiera decirla en sus versos Virgilio divino,
la divina reina de luz, ¡la celeste Esperanza!

Pálidas indolencias, desconfianzas fatales que a tumba
o a perpetuo presidio, condenasteis al noble entusiasmo,
ya veréis el salir del sol en un triunfo de liras,
mientras dos continentes, abandonados de huesos
                     [gloriosos,
del Hércules antiguo la gran sombra soberbia evocando,
digan al orbe: la alta virtud resucita,
que a la hispana progenie hizo dueña de siglos.

Abominad la boca que predice desgracias eternas,
abominad los ojos que ven sólo zodíacos funestos,
abominad las manos que apedrean las ruinas ilustres
o que la tea empuñan o la daga suicida.
Siéntense sordos ímpetus en las entrañas del mundo,
la inminencia de algo fatal hoy conmueve la tierra;
fuertes colosos caen, se desbandan bicéfalas águilas,
y algo se inicia como vasto social cataclismo
sobre la faz del orbe. ¿Quién dirá que las savias
                     [dormidas
no despierten entonces en el tronco del roble gigante
bajo el cual se exprimió la ubre de la loba romana?
¿Quién será el pusilánime que al vigor español niegue
                     [músculos
y que al alma española juzgase áptera y ciega y tullida?
No es Babilonia ni Nínive enterrada en olvido y en polvo
ni entre momias y piedras, reina que habita el sepulcro,
la nación generosa, coronada de orgullo inmarchito,
que hacia el lado del alba fija las miradas ansiosas,
ni la que, tras los mares en que yace sepulta la Atlántida,
tiene su coro de vástagos, altos, robustos y fuertes.

Unanse, brillen, secúndense, tantos vigores dispersos:
formen todos un solo haz de energía ecuménica.

Sangre de Hispania fecunda, sólidas, ínclitas razas,
muestren los dones pretéritos que fueron antaño su
[triunfo.
Vuelva el antiguo entusiasmo, vuelva el espíritu ardiente
que regará lenguas de fuego en esa epifanía.
Juntas las testas ancianas ceñidas de líricos lauros
y las cabezas jóvenes que la alta Minerva decora,
así los manes heroicos de los primitivos abuelos,
de los egregios padres que abrieron el surco pristino,
sientan los soplos agrarios de primaverales retornos
y el rumor de espigas que inició la labor triptolémica.

Un continente y otro renovando las viejas prosapias,
en espíritu unidos, en espíritu y ansias y lengua,
ven llegar el momento en que habrán de cantar nuevos
[himnos.
La latina estirpe verá la gran alba futura:
en un trueno de música gloriosa, millones de labios
saludarán la espléndida luz que vendrá del Oriente,
Oriente augusto, en donde todo lo cambia y renueva
la eternidad de Dios, la actividad infinita.
Y así sea Esperanza la visión permanente en nosotros,
¡ínclitas razas ubérrimas, sangre de Hispania fecunda!

III

AL REY OSCAR

Le Roi de Suède et de Noruège, après avoir
visité Saint-Jean-de-Luz, s'est rendu a Hen-
daye et a Fonterrabie. En arrivant sur le sol
espagnol, il a crié: «Vive l'Espagne!»

(Le Figaro, mars 1899.)

Así, Sire, en el aire de la Francia nos llega
la paloma de plata de Suecia y de Noruega,
que trae en vez de olivo una rosa de fuego.

   Un búcaro latino, un noble vaso griego
recibirá el regalo del país de la nieve.
Que a los reinos boreales el patrio viento lleve
otra rosa de sangre y de luz españolas;
pues sobre la sublime hermandad de las olas,
al brotar tu palabra, un saludo le envía
al sol de medianoche el sol de Mediodía.

   Si Segismundo siente pesar, Hamlet se inquieta.
El Norte ama las palmas; y se junta el poeta
del fjord con el del carmen, porque el mismo oriflama
es de azur. Su divina cornucopia derrama,
sobre el polo y el trópico, la Paz; y el orbe gira
en un ritmo uniforme por una propia lira:
el Amor. Allá surge Sigurd que al Cid se aúna;
cerca de Dulcinea brilla el rayo de luna;
y la musa de Bécquer del ensueño es esclava
bajo un celeste palio de luz escandinava.

Sire de ojos azules, gracias: por los laureles
de cien bravos vestidos de honor; por los claveles
de la tierra andaluza y la Alhambra del moro;
por la sangre solar de una raza de oro;
por la armadura antigua y el yelmo de la gesta;
por las lanzas que fueron una vasta floresta
de gloria y que pasaron Pirineos y Andes;
por Lepanto y Otumba; por el Perú, por Flandes;
por Isabel que cree, por Cristóbal que sueña
y Velázquez que pinta y Cortés que domeña;
por el país sagrado en que Herakles afianza
sus macizas columnas de fuerza y esperanza,
mientras Pan trae el ritmo con la egregia siringa
que no hay trueno que apague ni tempestad que extinga,
por el león simbólico y la Cruz, gracias, Sire.

¡Mientras el mundo aliente, mientras la esfera gire,
mientras la onda cordial alimente un ensueño,
mientras haya una viva pasión, un noble empeño,
un buscado imposible, una imposible hazaña,
una América oculta que hallar, vivirá España!

¡Y pues tras la tormenta vienes, de peregrino
real, a la morada que entristeció el destino,
la morada que viste luto sus puertas abra
al purpúreo y ardiente vibrar de tu palabra:
y que sonría, oh rey Oscar, por un instante,
y tiemble en la flor áurea el más puro brillante
para quien sobre brillos de corona y de nombre,
con labios de monarca lanza un grito de hombre!

IV

LOS TRES REYES MAGOS

—Yo soy Gaspar. Aquí traigo el incienso.
Vengo a decir: La vida es pura y bella.
Existe Dios. El amor es inmenso.
¡Todo lo sé por la divina Estrella!

—Yo soy Melchor. Mi mirra aroma todo.
Existe Dios. El es la luz del día.
¡La blanca flor tiene sus pies en lodo
y en el placer hay la melancolía!

—Soy Baltasar. Traigo el oro. Aseguro
que existe Dios. El es el grande y fuerte.
Todo lo sé por el lucero puro
que brilla en la diadema de la Muerte.

—Gaspar, Melchor y Baltasar, callaos.
Triunfa el amor, y a su fiesta os convida.
¡Cristo resurge, hace la luz del caos
y tiene la corona de la Vida!

V

CYRANO EN ESPAÑA

He aquí que Cyrano de Bergerac traspasa
de un salto el Pirineo. Cyrano está en su casa.
¿No es en España, acaso, la sangre vino y fuego?

Al gran Gascón saluda y abraza el gran Manchego.
¿No se hacen en España los más bellos castillos?
Roxanas encarnaron con rosas los Murillos,
y la hoja toledana que aquí Quevedo empuña
conócenla los bravos cadetes de Gascuña.
Cyrano hizo su viaje a la Luna; mas, antes,
ya el divino lunático de don Miguel Cervantes
pasaba entre las dulces estrellas de su sueño
jinete en el sublime pegaso Clavileño.
Y Cyrano ha leído la maravilla escrita,
y al pronunciar el nombre del Quijote, se quita
Bergerac el sombrero: Cyrano Balazote
siente que es la lengua suya la lengua del Quijote.
Y la nariz heroica del Gascón se diría
que husmea los dorados vinos de Andalucía.
Y la espada francesa, por él desenvainada,
brilla bien en la tierra de la capa y la espada.
¡Bien venido, Cyrano de Bergerac! Castilla
te da su idioma; y tu alma, como tu espada, brilla
al sol que allá en sus tiempos no se ocultó en España.
Tu nariz y penacho no están en tierra extraña,
pues vienes a la tierra de la Caballería.
Eres el noble huésped de Calderón. María
Roxana te demuestra que lucha la fragancia
de las rosas de España con las rosas de Francia;
y sus supremas gracias, y sus sonrisas únicas,
y sus miradas, astros que visten negras túnicas,
y la lira que vibra en su lengua sonora,
te dan una Roxana de España, encantadora.
¡Oh poeta! ¡Oh celeste poeta de la facha
grotesca! Bravo y noble y sin miedo y sin tacha,
príncipe de locuras, de sueños y de rimas,
tu penacho es hermano de las más altas cimas,

del nido de tu pecho una alondra se lanza,
un hada es tu madrina, y es la Desesperanza;
y en medio de la selva del duelo y del olvido
las nueve musas vendan tu corazón herido.

¿Allá en la Luna hallaste algún mágico prado
donde vaga el espíritu de Pierrot desolado?

¿Viste el palacio blanco de los locos del Arte?
¿Fue acaso la gran sombra de Píndaro a encontrarte?
¿Contemplaste la mancha roja que entre las rocas
albas forma el castillo de las Vírgenes locas?
¿Y en un jardín fantástico de misteriosas flores
no oíste al melodioso Rey de los ruiseñores?
No juzgues mi curiosa demanda inoportuna,
pues todas esas cosas existen en la Luna.

¡Bien venido, Cyrano de Bergerac! Cyrano
de Bergerac, cadete y amante y castellano,
que trae los recuerdos que Durandal abona
al país en que aún brillan las luces de Tizona.
El Arte es el glorioso vencedor. Es el Arte
el que vence el espacio y el tiempo; su estandarte,
pueblos, es del espíritu el azul oriflama.
¿Qué elegido no corre si su trompeta llama?
Y a través de los siglos se contestan, oíd:
la Canción de Rolando y la Gesta del Cid.
Cyrano va marchando, poeta y caballero,
al redoblar sonoro del grave Romancero.
Su penacho soberbio tiene nuestra aureola.
Son sus espuelas finas de fábrica española.
Y cuando en su balada Rostand teje el envío,
creeríase a Quevedo rimando un desafío.
¡Bien venido, Cyrano de Bergerac! No seca
el tiempo el lauro; el viejo Corral de la Pacheca
recibe al generoso embajador del fuerte

Molière. En copa gala Tirso su vino vierte.
Nosotros exprimimos las uvas de Champaña
para beber por Francia y en un cristal de España.

VI

SALUTACION A LEONARDO

Maestro: Pomona levanta su cesto. Tu estirpe
saluda la Aurora. ¡Tu aurora! Que extirpe
de la indiferencia la mancha; que gaste
la dura cadena de siglos; que aplaste
al sapo la piedra de su honda.

   Sonrisa más dulce no sabe Gioconda
El verso su ala y el ritmo su onda
hermanan en una
dulzura de luna
que suave resbala
(el ritmo de la onda y el verso del ala
del mágico Cisne sobre la laguna)
sobre la laguna.

   Y así, soberano maestro
del estro,
las vagas figuras
del sueño, se encarnan en líneas tan puras
que el sueño
recibe la sangre del mundo mortal,
y Psiquis consigue su empeño
de ser advertida a través del terrestre cristal.

(Los bufones
que hacen sonreír a Monna Lisa
saben canciones
que ha tiempo en los bosques de Grecïa decía la risa
de la brisa.)

    Pasa su Eminencia.
Como flor o pecado en su traje
rojo;
como flor o pecado, o conciencia
de sutil monseñor que a su paje
mira con vago recelo o enojo.
Nápoles deja a la abeja de oro
hacer su miel
en su fiesta de azul; y el sonoro
bandolín y el laurel
nos anuncian Florencia.
Maestro, si allá en Roma
quema el sol de Segor y Sodoma
la amarga ciencia
de purpúreas banderas, tu gesto
las palmas nos da redimidas,
bajo los arcos
de tu genio; San Marcos
y Partenón de luces y líneas y vidas.
(Tus bufones
que hacen la risa
de Monna Lisa
saben tan antiguas canciones.)

    Los leones de Asuero
junto al trono para recibirte,
mientras sonríe el divino Monarca;

pero
hallarás la sirte,
la sirte para tu barca,
si partís en la lírica barca
con tu Gioconda...
La onda
y el viento
saben la tempestad para tu cargamento.

  ¡Maestro!
Pero tú en cabalgar y domar fuiste diestro,
pasiones e ilusiones;
a unas con el freno, a otras con el cabestro
las domaste, cebras o leones.
Y en la selva del Sol, prisionera
tuviste la fiera
de la luz; y esa loca fue casta
cuando dijiste: «Basta.»
Seis meses maceraste tu Ester en tus aromas.
De tus techos reales volaron las palomas.

  Por tu cetro y tu gracia sensitiva,
por tu copa de oro en que sueñan las rosas,
en mi ciudad, que es tu cautiva,
tengo un jardín de mármol y de piedras preciosas
que custodia una esfinge viva.

VII

PEGASO

Cuando iba yo a montar ese caballo rudo
y tembloroso, dije: «La vida es pura y bella.»

Entre sus cejas vivas vi brillar una estrella.
El cielo estaba azul, y yo estaba desnudo.

Sobre mi frente Apolo hizo brillar su escudo
y de Belerofonte logré seguir la huella.
Toda cima es ilustre si Pegaso la sella,
y yo, fuerte, he subido donde Pegaso pudo.

Yo soy el caballero de la humana energía,
yo soy el que presenta su cabeza triunfante
coronada con el laurel del Rey del día;

domador del corcel de cascos de diamante,
voy en un gran volar, con la aurora por guía,
adelante en el vasto azur, ¡siempre adelante!

VIII

A ROOSEVELT

Es con voz de la Biblia, o verso de Walt Whitman,
que habría de llegar hasta ti, Cazador,
primitivo y moderno, sencillo y complicado,
con un algo de Wáshington y cuatro de Nemrod.
Eres los Estados Unidos,
eres el futuro invasor
de la América ingenua que tiene sangre indígena,
que aún reza a Jesucristo y aún habla español.

Eres soberbio y fuerte ejemplar de tu raza;
eres culto, eres hábil; te opones a Tolstoy.
Y domando caballos, o asesinando tigres,

eres un Alejandro-Nabucodonosor.
(Eres un profesor de Energía
como dicen los locos de hoy.)

Crees que la vida es incendio,
que el progreso es erupción,
que en donde pones la bala
el porvenir pones.
                                  No.

Los Estados Unidos son potentes y grandes.
Cuando ellos se estremecen hay un hondo temblor
que pasa por las vértebras enormes de los Andes.
Si clamáis, se oye como el rugir del león.
Ya Hugo a Grant lo dijo: Las estrellas son vuestras.
(Apenas brilla, alzándose, el argentino sol
y la estrella chilena se levanta...) Sois ricos.
Juntáis al culto de Hércules el culto de Mammón;
y alumbrando el camino de la fácil conquista,
la Libertad levanta su antorcha en Nueva-York.

Mas la América nuestra, que tenía poetas
desde los viejos tiempos de Netzahualcoyotl,
que ha guardado las huellas de los pies del gran
                                  [Baco,
que el alfabeto pánico en un tiempo aprendió;
que consultó los astros, que conoció la Atlántida
cuyo nombre nos llega resonando en Platón,
que desde los remotos momentos de su vida
vive de luz, de fuego, de perfume, de amor,
la América del grande Moctezuma, del Inca,
la América fragante de Cristóbal Colón,
la América católica, la América española,

145

la América en que dijo el noble Guatemoc:
«Yo no estoy en un lecho de rosas»; esa América
que tiembla de huracanes y que vive de amor,
hombres de ojos sajones y alma bárbara, vive.
Y sueña. Y ama, y vibra, y es la hija del Sol.
Tened cuidado. ¡Vive la América española!
Hay mil cachorros sueltos del León Español.
Se necesitaría, Roosevelt, ser, por Dios mismo,
el Riflero terrible y el fuerte Cazador,
para poder tenernos en vuestras férreas garras.

Y, pues contáis con todo, falta una cosa: ¡Dios!

IX

¡Torres de Dios! ¡Poetas!
¡Pararrayos celestes
que resistís las duras tempestades,
como crestas escuetas,
como picos agrestes,
rompeolas de las eternidades!

La mágica esperanza anuncia un día
en que sobre la roca de armonía
expirará la pérfida sirena.
¡Esperad, esperemos todavía!

Esperad todavía.
El bestial elemento se solaza
en el odio a la sacra poesía
y se arroja baldón de raza a raza.

La insurrección de abajo
tiende a los Excelentes.
El caníbal codicia su tasajo
con roja encía y afilados dientes.

Torres, poned al pabellón sonrisa.
Poned, ante ese mal y ese recelo,
una soberbia insinuación de brisa
y una tranquilidad de mar y cielo...

X

CANTO DE ESPERANZA

Un gran vuelo de cuervos mancha el azul celeste.
Un soplo milenario trae amagos de peste.
Se asesinan los hombres en el extremo Este.

¿Ha nacido el apocalíptico Anticristo?
Se han sabido presagios, y prodigios se han visto
y parece inminente el retorno del Cristo.

La tierra está preñada de dolor tan profundo
que el soñador, imperial meditabundo,
sufre con las angustias del corazón del mundo.

Verdugos de ideales afligieron la tierra,
en un pozo de sombras la humanidad se encierra
con los rudos molosos del odio y de la guerra.

¡Oh, Señor Jesucristo!, ¿por qué tardas, qué esperas
para tender tu mano de luz sobre las fieras
y hacer brillar al sol tus divinas banderas?

Surge de pronto y vierte la esencia de la vida
sobre tanta alma loca, triste o empedernida,
que, amante de tinieblas, tu dulce aurora olvida.

Ven, Señor, para hacer la gloria de ti mismo,
ven con temblor de estrellas y horror de cataclismo,
ven a traer amor y paz sobre el abismo.

Y tu caballo blanco, que miró al visionario,
pase. Y suene el divino clarín extraordinario.
Mi corazón será brasa de tu incensario.

XI

Mientras tenéis, oh negros corazones,
conciliábulos de odio y de miseria,
el órgano de Amor riega sus sones.
Cantan. Oíd: «La vida es dulce y seria.»

Para ti, pensador meditabundo,
pálido de sentirte tan divino,
es más hostil la parte agria del mundo.
Pero tu carne es pan, tu sangre es vino.

Dejad pasar la noche de la cena
—¡oh Shakespeare pobre, y oh Cervantes manco!
y la pasión del vulgo que condena.
Un gran Apocalipsis horas futuras llena.
¡Ya surgirá vuestro Pegaso blanco!

XII

HELIOS

¡Oh rüido divino!
¡Oh rüido sonoro!
Lanzó la alondra matinal el trino,
y sobre ese preludio cristalino,
los caballos de oro
de que el Hiperionida
lleva la rienda asida,
al trotar forman música armoniosa,
un argentino trueno,
y en el azul sereno
con sus cascos de fuego dejan huellas de rosa.
Adelante, ¡oh cochero
celeste!, sobre Osa
y Pelïon, sobre Titania viva.
Atrás se queda el trémulo matutino lucero,
y el universo el verso de su música activa.

Pasa, ¡oh dominador, oh conductor del carro
de la mágica ciencia! Pasa, pasa, ¡oh bizarro
manejador de la fatal cuadriga
que al pisar sobre el viento
despierta el instrumento
sacro! Tiemblan las cumbres
de los montes más altos
que en sus rítmicos saltos
tocó Pegaso. Giran muchedumbres
de águilas bajo el vuelo
de tu poder fecundo,

y si hay algo que iguale la alegría del cielo,
es el gozo que enciende las entrañas del mundo.

¡Helios!, tu triunfo es ése,
pese a las sombras, pese
a la noche, y al miedo, y a la lívida Envidia.
Tú pasas, y la sombra, y el daño y la desidia,
y la negra pereza, hermana de la muerte,
y el alacrán del odio que su ponzoña vierte,
y Satán todo, emperador de las tinieblas,
se hunden, caen. Y haces el alba rosa, y pueblas
de amor y de virtud las humanas conciencias,
riegas todas las artes, brindas todas las ciencias;
los castillos de duelo de la maldad derrumbas,
abres todos los nidos, cierras todas las tumbas,
y sobre los vapores del tenebroso Abismo,
pintas la Aurora, el Oriflama de Dios mismo.

¡Helios! Portaestandarte
de Dios, padre del Arte,
la paz es imposible, más el amor eterno.
Danos siempre el anhelo de la vida,
y una chispa sagrada de tu antorcha encendida,
con que esquivar podamos la entrada del Infierno.

Que sientan las naciones
el volar de tu carro; que hallen los corazones
humanos, en el brillo de tu carro, esperanza;
que el alma-Quijote y el cuerpo-Sancho Panza
vuele una psique cierta a la verdad del sueño;
que hallen las ansias grandes de este vivir pequeño
una realización invisible y suprema;
¡Helios! ¡Que no nos mate tu llama que nos quema!

Gloria hacia ti del corazón de las manzanas,
de los cálices blancos de los lirios,
y del amor que manas
hecho de dulces fuegos y divinos martirios,
y del volcán inmenso,
y del hueso minúsculo,
y del ritmo que pienso,
y del ritmo que vibra en el corpúsculo
y del Oriente intenso
y de la melodía del crepúsculo.

¡Oh rüido divino!
Pasa sobre la cruz del palacio que duerme,
y sobre el alma inerme
de quien no sabe nada. No turbes el destino.
¡Oh rüido sonoro!
El hombre, la nación, el continente, el mundo,
aguardan la virtud de tu carro fecundo,
¡cochero azul que riges los caballos de oro!

XIII

«SPES»

Jesús, incomparable perdonador de injurias,
óyeme; Sembrador de trigo, dame el tierno
pan de tus hostias; dame, contra el sañudo infierno
una gracia lustral de iras y lujurias.

Dime que este espantoso horror de la agonía
que me obsede, es no más de mi culpa nefanda;

que al morir hallará la luz de un nuevo día,
y que entonces oiré mi «¡Levántate y anda!»

XIV

MARCHA TRIUNFAL

¡Ya viene el cortejo!
¡Ya viene el cortejo! Ya se oyen los claros clarines.
La espada se anuncia con vivo reflejo;
ya viene, oro y hierro, el cortejo de los paladines.

Ya pasa, debajo los arcos ornados de blancas Minervas
[y Martes,
los arcos triunfales en donde las Famas erigen sus largas
[trompetas,
la gloria solemne de los estandartes
llevados por manos robustas de heroicos atletas.
Se escucha el rüido que forman las armas de los
[caballeros,
los frenos que mascan los fuertes caballos de guerra,
los cascos que hieren la tierra,
y los timbaleros
que el paso acompasan con ritmos marciales.
¡Tal pasan los fieros guerreros
debajo los arcos triunfales!

Los claros clarines de pronto levantan sus sones,
su canto sonoro,
su cálido coro,
que envuelve en un trueno de oro
la augusta soberbia de los pabellones.

El dice la lucha, la herida venganza,
las ásperas crines,
los rudos penachos, la pica, la lanza,
la sangre que riega de heroicos carmines
la tierra;
los negros mastines
que azuza la muerte, que rige la guerra.

Los áureos sonidos
anuncian el advenimiento
triunfal de la Gloria;
dejando el picacho que guarda sus nidos,
tendiendo sus alas enormes al viento,
los cóndores llegan. ¡Llegó la Victoria!

Ya pasa el cortejo.
Señala el abuelo los héroes al niño:
—ved cómo la barba del viejo
los bucles de oro circunda de armiño—.
Las bellas mujeres aprestan coronas de flores,
y bajo los pórticos vense sus rostros de rosa;
y la más hermosa
sonríe al más fiero de los vencedores.
¡Honor al que trae cautiva la extraña bandera;
honor al herido y honor a los fieles
soldados que muerte encontraron por mano extranjera!
¡Clarines! ¡Laureles!

Las nobles espadas de tiempos gloriosos,
desde sus panoplias saludan las nuevas coronas y lauros:
—las viejas espadas de los granaderos, más fuertes que
                                        [osos,
hermanos de aquellos lanceros que fueron centauros—.

Las trompas guerreras resuenan;
de voces los aires se llenan…
A aquellas antiguas espadas,
a aquellos ilustres aceros,
que encarnan las glorias pasadas…
¡Y al sol que hoy alumbra las nuevas victorias ganadas,
y al héroe que guía su grupo de jóvenes fieros;
al que ama la insigna del suelo materno,
al que ha desafiado, ceñido el acero y el arma en la
[mano,
los soles del rojo verano,
las nieves y vientos del gélido invierno,
la noche, la escarcha
y el odio y la muerte, por ser por la patria inmortal,
saludan con voces de bronce las trompas de guerra que
triunfal…   [tocan la marcha

LOS CISNES

A Juan R. Jiménez.

I

¿Qué signo haces, oh Cisne, con tu encorvado cuello
al paso de los tristes y errantes soñadores?
¿Por qué tan silencioso de ser blanco y ser bello,
tiránico a las aguas e impasible a las flores?

Yo te saludo ahora como en versos latinos
te saludara antaño Publio Ovidio Nasón.
Los mismos ruiseñores cantan los mismos trinos,
y en diferentes lenguas es la misma canción.

A vosotros mi lengua no debe ser extraña.
A Garcilaso visteis, acaso, alguna vez...
Soy un hijo de América, soy un nieto de España...
Quevedo pudo hablaros en verso en Aranjuez.

Cisnes, los abanicos de vuestras alas frescas
den a las frentes pálidas sus caricias más puras,
y alejen vuestras blancas figuras pintorescas
de nuestras mentes tristes las ideas obscuras.

155

Brumas septentrionales nos llenan de tristezas,
se mueren nuestras rosas, se agostan nuestras palmas,
casi no hay ilusiones para nuestras cabezas,
y somos los mendigos de nuestras pobres almas.

Nos predican la guerra con águilas feroces,
gerifaltes de antaño revienen a los puños,
mas no brillan las glorias de las antiguas hoces,
ni hay Rodrigos ni Jaimes, ni hay Alfonsos ni Nuños.

Faltos de los alientos que dan las grandes cosas,
¿qué haremos los poetas sino buscar tus lagos?
A falta de laureles son muy dulces las rosas,
y a falta de victorias busquemos los halagos.

La América española como la España entera
fija está en el Oriente de su fatal destino;
yo interrogo a la Esfinge que el porvenir espera
con la interrogación de tu cuello divino.

¿Seremos entregados a los bárbaros fieros?
¿Tantos millones de hombres hablaremos inglés?
¿Ya no hay nobles hidalgos ni bravos caballeros?
¿Callaremos ahora para llorar después?

He lanzado mi grito, Cisnes, entre vosotros,
que habéis sido los fieles en la desilusión,
mientras siento una fuga de americanos potros
y el estertor postrero de un caduco león...

...Y un Cisne negro dijo: «La noche anuncia el día.»
Y uno blanco: «¡La aurora es inmortal, la aurora
es inmortal!» ¡Oh tierras de sol y de armonía,
aún guarda la Esperanza la caja de Pandora!

II

EN LA MUERTE DE RAFAEL NUÑEZ

Que sais-je?

El pensador llegó a la barca negra;
y le vieron hundirse
en las brumas del lago del Misterio
los ojos de los Cisnes.

Su manto de poeta
reconocieron, los ilustres lises
y el laurel y la espina entremezclados
sobre la frente triste.

A lo lejos alzábanse los muros
de la ciudad teológica, en que vive
la sempiterna Paz. La negra barca
llegó a la ansiada costa y el sublime

espíritu gozó la suma gracia;
y, ¡oh Montaigne!, Núñez vio la cruz erguirse,
y halló al pie de la sacra Vencedora
el helado cadáver de la Esfinge.

III

Por un momento, ¡oh Cisne!, juntaré mis anhelos
a los de tus dos alas que abrazaron a Leda,
y a mi maduro ensueño, aún vestido de seda,
dirás, por los Dioscuros, la gloria de los cielos.

Es el otoño. Ruedan de la flauta consuelos.
Por un instante, ¡oh Cisne!, en la obscura alameda
sorberé entre dos labios lo que el Pudor me veda,
y dejaré mordidos Escrúpulos y Celos.

Cisne, tendré tus alas blancas por un instante
y el corazón de rosa que hay en tu dulce pecho
palpitará en el mío con su sangre constante.

Amor será dichoso, pues estará vibrante
el júbilo que pone al gran Pan en acecho
mientras su ritmo esconde la fuente de diamante.

IV

¡Antes de todo, gloria a ti, Leda!
Tu dulce vientre cubrió de seda
el Dios. ¡Miel y oro sobre la brisa!
Sonaban alternativamente
flauta y cristales, Pan y la fuente.
¡Tierra era canto; Cielo, sonrisa!

Ante el celeste, supremo acto,
dioses y bestias hicieron pacto.
Se dio a la alondra la luz del día,
se dio a los búhos sabiduría,
y melodía al ruiseñor.
A los leones fue la victoria,
para las águilas toda la gloria,
y a las palomas todo el amor.

Pero vosotros sois los divinos
príncipes. Vagos como las naves,
inmaculados como los linos,
maravillosos como las aves.

En vuestros picos tenéis las prendas
que manifiestan corales puros.
Con vuestros pechos abrís las sendas
que arriba indican los Dïoscuros.

Las dignidades de vuestros actos,
eternizadas en lo infinito,
hacen que sean ritmos exactos,
voces de ensueño, luces de mito.

De orgullo olímpico sois el resumen,
¡oh blancas urnas de la armonía!
Ebúrneas joyas que anima un numen
con su celeste melancolía.

¡Melancolía de haber amado,
junto a la fuente de la arboleda,
el luminoso cuello estirado
entre los blancos muslos de Leda!

OTROS POEMAS

Al doctor Adolfo Altamirano

I

RETRATOS

1

Don Gil, Don Juan, Don Lope, Don Carlos, Don
[Rodrigo,
¿cúya es esta cabeza soberbia? ¿Esa faz fuerte?
¿Esos ojos de jaspe? ¿Esa barba de trigo?
Este fue un caballero que persiguió a la Muerte.

Cien veces hizo cosas tan sonoras y grandes,
que de águilas poblaron el campo de su escudo,
y ante su rudo tercio de América o de Flandes
quedó el asombro ciego, quedó el espanto mudo.

La coraza revela fina labor; la espada
tiene la cruz que erige sobre su tumba el miedo;
y bajo el puño firme que da su luz dorada,
se afianza el rayo sólido del yunque de Toledo.

Tiene labios de Borgia, sangrientos labios dignos
de exquisitas calumnias, de rezar oraciones
y de decir blasfemias: rojos labios malignos
florecidos de anécdotas en cien Decamerones.

Y con todo, este hidalgo de un tiempo indefinido,
fuè el abad solitario de un ignoto convento,
y dedicó en la muerte sus hechos: *¡Al olvido!*
y el grito de su vida luciferina: *¡Al viento!*

2

En la forma cordial de la boca, la fresa
solemniza su púrpura; y en el sutil dibujo
de óvalo del rostro de la blanca abadesa
la pura frente es ángel y el ojo negro es brujo.

Al marfil monacal de esa faz misteriosa
brota una dulce luz de un resplandor interno,
que enciende en sus mejillas un celeste rosa
en que su pincelada fatal puso el Infierno.

¡Oh, Sor María! ¡Oh, Sor María! ¡Oh, Sor María!
La mágica mirada y el continente regio,
¿no hicieron en un alma pecaminosa un día
brotar el encendido clavel del sacrilegio?

Y parece que el hondo mirar cosas dijera
especiosas y ungidas de miel y de veneno.
(Sor María murió condenada a la hoguera:
dos abejas volaron de las rosas del seno.)

II

POR EL INFLUJO DE LA PRIMAVERA

Sobre el jarrón de cristal
hay flores nuevas. Anoche
hubo una lluvia de besos.
Despertó un fauno bicorne
tras un alma sensitiva.
Dieron su olor muchas flores.
En la pasional siringa
brotaron las siete voces
que en siete carrizos puso
Pan.

Antiguos ritos paganos
se renovaron. La estrella
de Venus brilló más límpida
y diamantina. Las fresas
del bosque dieron su sangre.
El nido estuvo de fiesta.
Un ensueño florentino
se enfloró de primavera,
de modo que en carne viva
renacieron ansias muertas.
Imaginaos un roble
que diera una rosa fresca;
un buen egipán latino
con una bacante griega
y parisiense. Una música
magnífica. Una suprema
inspiración primitiva,

llena de cosas modernas.
Un vasto orgullo viril
que aroma el *odor di fémina;*
un trono de roca en donde
descansa un lirio.

   ¡Divina Estación! ¡Divina
Estación! Sonríe el alba
más dulcemente. La cola
del pavo real exalta
su prestigio. El sol aumenta
su íntima influencia; y el arpa
de los nervios vibra sola.
¡Oh, Primavera sagrada!
¡Oh, gozo del don sagrado
de la vida! ¡Oh bella palma
sobre nuestras frentes! ¡Cuello
del cisne! ¡Paloma blanca!
¡Rosa roja! ¡Palio azul!
¡Y todo por ti, oh alma!
Y por ti, cuerpo, y por ti,
idea, que los enlazas.
¡Y por Ti, lo que buscamos
y no encontraremos nunca
jamás!

III

LA DULZURA DEL ANGELUS

La dulzura del ángelus matinal y divino
que diluyen ingenuas campanas provinciales,
en un aire inocente a fuerza de rosales,
de plegaria, de ensueño de virgen y de trino

de ruiseñor, opuesto todo al rudo destino
que no cree en Dios... El áureo ovillo vespertino
que la tarde devana tras opacos cristales
por tejer la inconsútil tela de nuestros males,

todos hechos de carne y aromados de vino...
Y esta atroz amargura de no gustar de nada,
de no saber adónde dirigir nuestra prora,

mientras el pobre esquife en la noche cerrada
va en las hostiles olas huérfano de la aurora...
(¡Oh süaves campanas entre la madrugada!)

IV

TARDE DEL TROPICO

Es la tarde gris y triste.
Viste el mar de terciopelo
y el cielo profundo viste
de duelo.

Del abismo se levanta
la queja amarga y sonora.
La onda, cuando el viento canta,
llora.

Los violines de la bruma
saludan al sol que muere.
Salmodia la blanca espuma:
¡Miserere!

La armonía el cielo inunda,
y la brisa va a llevar
la canción triste y profunda
del mar.

Del clarín del horizonte
brota sinfonía rara,
como si la voz del monte
vibrara.

Cual si fuese lo invisible...
Cual si fuese el rudo son
que diese al viento un terrible
león.

V

NOCTURNO

Quiero expresar mi angustia en versos que abolida
dirán mi juventud de rosas y de ensueños,
y la desfloración amarga de mi vida
por un vasto dolor y cuidados pequeños.

Y el viaje a un vago Oriente por entrevistos barcos,
y el grano de oraciones que floreció en blasfemias,
y los azoramientos del cisne entre los charcos,
y el falso azul nocturno de inquerida bohemia.

Lejano clavicordio que en silencio y olvido
no diste nunca al sueño la sublime sonata,
huérfano esquife, árbol insigne, obscuro nido
que suavizó la noche de dulzura de plata...

Esperanza olorosa a hierbas frescas, trino
del ruiseñor primaveral y matinal,
azucena tronchada por un fatal destino,
rebusca de la dicha, persecución del mal...

El ánfora funesta del divino veneno
que ha de hacer por la vida la tortura interior;
la conciencia espantable de nuestro humano cieno
y el horror de sentirse pasajero, el horror

de ir a tientas, en intermitentes espantos,
hacia lo inevitable desconocido, y la
pesadilla brutal de este dormir de llantos
¡de la cual no hay más que Ella que nos despertará!

VI

CANCION DE OTOÑO EN PRIMAVERA

A G. Martínez Sierra.

Juventud, divino tesoro,
¡ya te vas para no volver!
Cuando quiero llorar, no lloro...
y a veces lloro sin querer.

   Plural ha sido la celeste
historia de mi corazón.
Era una dulce niña, en este
mundo de duelo y aflicción.

   Miraba como el alba pura;
sonreía como una flor.
Era su cabellera obscura
hecha de noche y de dolor.

   Yo era tímido como un niño.
Ella, naturalmente, fue,
para mi amor hecho de armiño,
Herodías y Salomé...

   Juventud, divino tesoro,
¡ya te vas para no volver...!
Cuando quiero llorar, no lloro,
y a veces lloro sin querer...

   La otra fue más sensitiva,
y más consoladora y más

halagadora y expresiva,
cual no pensé encontrar jamás.

Pues a su continua ternura
una pasión violenta unía.
En un peplo de gasa pura
una bacante se envolvía...

En sus brazos tomó mi ensueño
y lo arrulló como a un bebé...
Y le mató, triste y pequeño,
falto de luz, falto de fe...

Juventud, divino tesoro,
¡te fuiste para no volver!
Cuando quiero llorar, no lloro,
y a veces lloro sin querer...

Otra juzgó que era mi boca
el estuche de su pasión
y que me roería, loca,
con sus dientes el corazón

poniendo en un amor de exceso
la mira de su voluntad,
mientras eran abrazo y beso
síntesis de la eternidad:

y de nuestra carne ligera
imaginar siempre un Edén,
sin pensar que la Primavera
y la carne acaban también...

Juventud, divino tesoro,
¡ya te vas para no volver!
Cuando quiero llorar, no lloro,
¡y a veces lloro sin querer!

¡Y las demás!, en tantos climas,
en tantas tierras, siempre son,
si no pretexto de mis rimas,
fantasmas de mi corazón.

En vano busqué a la princesa
que estaba triste de esperar.
La vida es dura. Amarga y pesa.
¡Y no hay princesa que cantar!

Mas a pesar del tiempo terco,
mi sed de amor no tiene fin;
con el cabello gris me acerco
a los rosales del jardín...

Juventud, divino tesoro,
¡ya te vas para no volver!...
Cuando quiero llorar, no lloro,
y a veces lloro sin querer...

¡Mas es mía el Alba de oro!

VII

TREBOL

1

DE DON LUIS DE GÓNGORA Y ARGOTE
A DON DIEGO DE SILVA VELÁZQUEZ

Mientras el brillo de tu gloria augura
ser en la eternidad sol sin poniente,
fénix de viva luz, fénix ardiente,
diamante parangón de la pintura,

de España está sobre la veste obscura
tu nombre, como joya reluciente;
rompe la Envidia el fatigado diente,
y el Olvido lamenta su amargura.

Yo en equívoco altar, tú en sacro fuego,
miro a través de mi penumbra el día
en que al calor de tu amistad, Don Diego,

jugando de la luz con la armonía,
con la alma luz, de tu pincel el juego
el alma duplicó de la faz mía.

2

DE DON DIEGO DE SILVA VELÁZQUEZ
A DON LUIS DE GÓNGORA Y ARGOTE

Alma de oro, fina voz de oro,
al venir hacia mí, ¿por qué suspiras?
Ya empieza el noble coro de las liras
a preludiar el himno a tu decoro;

ya al misterioso son del noble oro
calma al Centauro sus grotescas iras,
y con nueva pasión que les inspiras
tornan a amarse Angélica y Medoro.

A Teócrito y Poussin la Fama dote
con la corona de laurel supremo;
que en donde da Cervantes el Quijote

y yo las telas con mis luces gemo,
para Don Luis de Góngora y Argote
traerá una nueva palma Polifemo.

3

En tanto *pace estrellas* el Pegaso divino,
y vela tu hipogrifo, Velázquez, la Fortuna,
en los celestes parques al Cisne gongorino
deshoja sus sutiles margaritas la Luna.

Tu castillo, Velázquez, se eleva en el camino
del Arte como torre que de águilas es cuna,

y tu castillo, Góngora, se alza al azul cual una
jaula de ruiseñores labrada en oro fino.

Gloriosa la península que abriga tal colonia.
¡Aquí bronce corintio, y allá mármol de Jonia!
Las rosas a Velázquez, y a Góngora claveles.

De ruiseñores y águilas se pueblan las encinas,
y mientras pasa Angélica sonriendo a las Meninas,
salen las nueve Musas de un bosque de laureles.

VIII

«CHARITAS»

A Vicente de Paul, nuestro Rey Cristo
con dulce lengua dice:
—Hijo mío, tus labios
dignos son de imprimirse
en la herida que el ciego
en mi costado abrió. Tu amor sublime
tiene sublime premio: asciende y goza
del alto galardón que conseguiste.

El alma de Vicente llega al coro
de los alados Angeles que al triste
mortal custodian: eran más brillantes
que los celestes astros. Cristo: «Sigue»,
dijo al amado espíritu del Santo.

Ve entonces la región en donde existen
los augustos Arcángeles, zodíaco
de diamantina nieve, indestructibles
ejércitos de luz y mensajeras
castas palomas o águilas insignes.

Luego la majestad esplendorosa
del coro de los Príncipes,
que las divinas órdenes realizan
y en el humano espíritu presiden;
el coro de las altas Potestades
que al torrente infernal levantan diques;
el coro de las místicas Virtudes,
las huellas de los mártires
y las intactas manos de las vírgenes;
el coro prestigioso
de las Dominaciones que dirigen
nuestras almas al bien, y el coro excelso
de los Tronos insignes,
que del Eterno el solio,   .
cariátides de luz indefinible,
sostienen por los siglos de los siglos;
y el coro de Querubes que compite
con la antorcha del sol.
                                    Por fin, la gloria
de teológico fuego en que se erigen
las llamas vivas de inmortal esencia.

Cristo el Santo bendice
y así penetra el Serafín de Francia
al coro de los ígneos Serafines.

IX

NO OBSTANTE...

¡Oh terremoto mental!
Yo sentí un día en mi cráneo
como el caer subitáneo
de una Babel de cristal.

De Pascal miré al abismo,
y vi lo que pudo ver
cuando sintió Baudelaire
«el ala del idiotismo».

Hay, no obstante, que ser fuerte:
pasar todo precipicio
y ser vencedor del Vicio,
de la Locura y la Muerte.

X

El verso sutil que pasa o se posa
sobre la mujer o sobre la rosa,
beso puede ser, o ser mariposa.

En la fresca flor el verso sutil;
el triunfo de Amor en el mes de Abril:
Amor, verso y flor, la niña gentil.

Amor y dolor. Halagos y enojos.
Herodías ríe en los labios rojos.
Dos verdugos hay que están en los ojos.

¡Oh, saber amar es saber sufrir,
amar y sufrir, sufrir y sentir,
y el hacha besar que nos ha de herir!

Rosa de dolor, gracia femenina;
inocencia y luz, corola divina,
y aroma fatal y crüel espina...

Líbramos, Señor, de Abril y la flor,
y del cielo azul, y del ruiseñor;
de dolor y amor, líbranos, Señor.

XI

FILOSOFIA

Saluda al sol, araña, no seas rencorosa.
Da tus gracias a Dios, oh sapo, pues que eres.
El peludo cangrejo tiene espinas de rosa
y los moluscos reminiscencias de mujeres.

Sabed ser lo que sois, enigmas, siendo formas;
dejad la responsabilidad a las Normas,
que a su vez la enviarán al Todopoderoso...
(Toca, grillo, a la luz de la luna, y dance el oso.)

XII

LEDA

El cisne en la sombra parece de nieve;
su pico es de ámbar, del alba al trasluz;
el suave crepúsculo que pasa tan breve
las cándidas alas sonrosa de luz.

Y luego, en las ondas del lago azulado,
después que la aurora perdió su arrebol,
las alas tendidas y el cuello enarcado,
el cisne es de plata, bañado de sol.

Tal es, cuando esponja las plumas de seda,
olímpico pájaro herido de amor,
y viola en las linfas sonoras a Leda,
buscando su pico los labios en flor.

Suspira la bella desnuda y vencida,
y en tanto que al aire sus quejas se van
del fondo verdoso de fronda tupida
chispean turbados los ojos de Pan.

XIII

DIVINA PSIQUIS

1

¡Divina Psiquis, dulce mariposa invisible
que desde los abismos has venido a ser todo
lo que en mi ser nervioso y en mi cuerpo sensible
forma la chispa sacra de la estatua de lodo!

Te asomas por mis ojos a la luz de la tierra
y prisionera vives en mí de extraño dueño:
te reducen a esclava mis sentidos en guerra
y apenas vagas libre por el jardín del sueño.

Sabia a la Lujuria que sabes antiguas ciencias,
te sacudes a veces entre imposibles muros,
y más allá de todas las vulgares conciencias
exploras los recodos más terribles y obscuros.

Y encuentras sombra y duelo. Que sombra y duelo
[encuentres
bajo la viña en donde nace el vino del Diablo.
Te posas en los senos, te posas en los vientres
que hicieron a Juan loco e hicieron cuerdo a Pablo.

A Juan virgen, y a Pablo militar y violento;
a Juan que nunca supo del supremo contacto;
a Pablo el tempestuoso que halló a Cristo en el viento,
y a Juan ante quien Hugo se queda estupefacto.

2

Entre la catedral y las ruinas paganas
vuelas, ¡oh Psiquis, oh alma mía!,
—como decía
aquel celeste Edgardo,
que entró en el Paraíso entre un són de campanas
y un perfume de nardo—.

Entre la catedral
y las paganas ruinas

repartes tus dos alas de cristal,
tus dos alas divinas.

Y de la flor
que el ruiseñor
canta en su griego antiguo, de la rosa,
vuelas, ¡oh, Mariposa!,
a posarte en un clavo de Nuestro Señor.

XIV

EL SONETO DE TRECE VERSOS

De una juvenil inocencia,
¡qué conservar, sino el sutil
perfume, esencia de su Abril,
la más maravillosa esencia!

Por lamentar a mi conciencia
quedó de un sonoro marfil
un cuento que fue de las *Mil
y una noches* de mi existencia…

Scherezada se entredurmió…
El Visir quedó meditando…
Dinarzada el día olvidó…
Mas al pájaro azul volvió…
Pero…
        No obstante…
                Siempre…
                        Cuando…

XV

¡Oh, miseria de toda lucha por lo finito!
Es como el ala de la mariposa
nuestro brazo que deja el pensamiento escrito.
Nuestra infancia vale la rosa,
el relámpago nuestro mirar,
y el ritmo que en el pecho
nuestro corazón mueve,
es un ritmo de onda de mar,
o un caer de copo de nieve,
o el del cantar
del ruiseñor,
que dura lo que dura el perfumar
de su hermana la flor.
¡Oh, miseria de toda lucha por lo finito!
El alma que se advierte sencilla y mira clara-
mente la gracia pura de la luz cara a cara,
como el botón de rosa, como la coccinela,
esa alma es la que al fondo del infinito vuela.
El alma que ha olvidado la admiración, que sufre
en la melancolía agria, olorosa a azufre,
de envidiar malamente y duramente, anida
en un nido de topos. Es manca. Está tullida.
¡Oh, miseria de toda lucha por lo finito!

XVI

A PHOCAS EL CAMPESINO

Phocás el campesino, hijo mío, que tienes
en apenas escasos meses de vida, tantos
dolores en tus ojos que esperan tantos llantos
por el fatal pensar que revelan tus sienes...

Tarda en venir a este dolor a donde vienes,
a este mundo terrible en duelos y en espantos;
duerme bajo los Angeles, sueña bajo los Santos,
que ya tendrás la Vida para que te envenenes...

Sueña, hijo mío, todavía, y cuando crezcas,
perdóname el fatal don de darte la vida
que yo hubiera querido de azul y rosas frescas;

pues tú eres la crisálida de mi alma entristecida,
y te he de ver en medio del triunfo que merezcas
renovando el fulgor de mi psique abolida.

XVII

¡Carne, celeste carne de la mujer! Arcilla,
—dijo Hugo—; ambrosía más bien, ¡oh maravilla!
La vida se soporta,
tan doliente y tan corta,
solamente por eso:
roce, mordisco o beso
en ese pan divino

para el cual nuestra sangre es nuestro vino.
En ella está la lira,
en ella está la rosa,
en ella está la ciencia armonïosa,
en ella se respira
el perfume vital de toda cosa.

Eva y Cipris concentran el misterio
del corazón del mundo.
Cuando el áureo Pegaso
en la victoria matinal se lanza
con el mágico ritmo de su paso
hacia la vida y hacia la esperanza,
si alza la crin y las narices hincha
y sobre las montañas pone el casco sonoro
y hacia la mar relincha,
y el espacio se llena
de un gran temblor de oro,
es que ha visto desnuda a Anadiomena.

Gloria, ¡oh Potente a quien las sombras temen!
¡Que las más blancas tórtolas te inmolen,
pues por ti la floresta está en el polen
y el pensamiento en el sagrado semen!

Gloria, ¡oh Sublime, que eres la existencia
por quien siempre hay futuros en el útero eterno!
¡Tu boca sabe al fruto del árbol de la Ciencia
y al torcer tus cabellos apagaste el infierno!

Inútil es el grito de la legión cobarde
del interés, inútil el progreso
yankee, si te desdeña.

Si el progreso es de fuego, por ti arde.
¡Toda lucha del hombre va a tu beso,
por ti se combate o se sueña!

Pues en ti existe Primavera para el triste,
labor gozosa para el fuerte
néctar, ánfora, dulzura amable.
¡Porque en ti existe
el placer de vivir, hasta la muerte
y ante la eternidad de lo probable...!

XVIII

UN SONETO A CERVANTES

A Ricardo Calvo.

Horas de pesadumbre y de tristeza
paso en mi soledad. Pero Cervantes
es buen amigo. Endulza mis instantes
ásperos, y reposa mi cabeza

El es la vida y la naturaleza,
regala un yelmo de oros y diamantes
a mis sueños errantes.
Es para mí: suspira, ríe y reza.

Cristiano y amoroso caballero
parla como un arroyo cristalino.
¡Así le admiro y quiero,

viendo cómo el destino
hace que regocije al mundo entero
la tristeza inmortal de ser divino!

XIX

MADRIGAL EXALTADO

A Mademoiselle Villagrán.

Dies irae, dies illa!
Solvet saeclum in favïlla
cuando quema esa pupila!

La tierra se vuelve loca,
el cielo a la tierra invoca
cuando sonríe esa boca.

Tiemblan los lirios tempranos
y los árboles lozanos
al contacto de esas manos.

El bosque se encuentra estrecho
el egipán en acecho
cuando respira ese pecho.

Sobre los senderos es
como una fiesta, después
que se han sentido esos pies,

183

y el Sol, sultán de orgullosas
rosas, dice a sus hermosas
cuando en primavera están:
¡Rosas, rosas, dadme rosas
para Adela Villagrán!

XX

MARINA

Mar armonioso,
mar maravilloso:
tu salada fragancia,
tus colores y músicas sonoras
me dan la sensación divina de mi infancia,
en que suaves las horas
venían en un paso de danza reposada
a dejarme un ensueño o regalo de hada.

Mar armonioso,
mar maravilloso,
de arcadas de diamante en que se rompe en vuelos
rítmicos que denuncian algún ímpetu oculto,
espejo de mis vagas ciudades de los cielos
blanco y azul tumulto
de donde brota un canto
                              inextinguible:
mar paternal, mar santo:
mi alma siente la influencia de tu alma invisible.

Velas de los Colones
y velas de los Vascos,

hostigadas por odios de ciclones
ante la hostilidad de los peñascos:
o galeras de oro,
velas purpúreas de bajeles
que saludaron al mugir del toro
celeste, con Europa sobre el lomo
que salpicaba la revuelta espuma.
Magnífico y sonoro
se oye en las aguas como
un tropel de tropeles,
¡tropel de los tropeles de tritones!
Brazos salen de la onda, suenan vagas canciones,
brillan piedras preciosas,
mientras en las revueltas extensiones
Venus y el Sol hacen nacer mil rosas.

XXI

CLEOPOMPO Y HELIODEMO

A Vargas Vila.

Cleopompo y Heliodemo, cuya filosofía
es idéntica, gustan dialogar bajo el verde
patio del platanar. Allí Cleopompo muerde
la manzana epicúrea, y Helïodemo fía

   al aire su confianza en la eterna armonía.
Mal haya quien las Parcas inhumano recuerde:
Si una sonora perla de la clepsidra pierde,
no volverá a ofrecerla la mano que la envía.

Una vaca aparece, crepuscular. Es hora
en que el grillo en su lira hace halagos a Flora,
y en el azul florece un diamante supremo;

y en la pupila enorme de la bestia apacible,
miran como que rueda en un ritmo invisible
la música del mundo, Cleopompo y Heliodemo.

XXII

«¡AY, TRISTE DEL QUE UN DIA...!»

¡Ay, triste del que un día en su esfinge interior
pone los ojos e interroga! Está perdido.
¡Ay del que pide eurekas al placer o al dolor!
Dos dioses hay, y son: Ignorancia y Olvido.

Lo que el árbol desea decir y dice al viento,
y lo que el animal manifiesta en su instinto,
cristalizamos en palabra y pensamiento.
Nada más que maneras expresan lo distinto.

XXIII

En el país de las Alegorías
Salomé siempre danza,
ante el tiarado Herodes,
eternamente;
y la cabeza de Juan el Bautista,
ante quien tiemblan los leones,
cae al hachazo. Sangre llueve.

Pues la rosa sexual
al entreabrirse
conmueve todo lo que existe,
con su efluvio carnal
y con su enigma espiritual.

XXIV

AUGURIOS

A E. Díaz Romero.

Hoy pasó un águila
sobre mi cabeza;
lleva en sus alas
la tormenta,
lleva en sus garras
el rayo que deslumbra y aterra.
¡Oh, águila!
Dame la fortaleza
de sentirme en el lodo humano
con alas y fuerzas
para resistir los embates
de las tempestades perversas,
y de arriba las cóleras
y de abajo las roedoras miserias.

Pasó un búho
sobre mi frente.
Yo pensé en Minerva
y en la noche solemne.
¡Oh, búho!

Dame tu silencio perenne,
y tus ojos profundos en la noche
y tu tranquilidad ante la muerte
Dame tu nocturno imperio
y tu sabiduría celeste,
y tu cabeza cual la de Jano,
que, siendo una, mira a Oriente y Occidente.

Pasó una paloma
que casi rozó con sus alas mis labios.
¡Oh, paloma!
Dame tu profundo encanto
de saber arrullar, y tu lascivia
en campo tornasol, y en campo
de luz tu prodigioso
ardor en el divino acto.
(Y dame la justicia en la naturaleza,
pues, en este caso,
tú serás la perversa
y el chivo será el casto.)

Pasó un gerifalte. ¡Oh, gerifalte!
Dame tus uñas largas
y tus ágiles alas cortadoras de viento,
y tus ágiles patas,
y tus uñas que bien se hunden
en las carnes de la caza.
Por mi cetrería
irás en jiras fantásticas,
y me traerás piezas famosas
y raras,
palpitantes ideas,
sangrientas almas.

Pasa el ruiseñor.
¡Ah, divino doctor!
No me des nada. Tengo tu veneno,
tu puesta de sol
y tu noche de luna y tu lira,
y tu lírico amor.
(Sin embargo, en secreto,
tu amigo soy,
pues más de una vez me has brindado
en la copa de mi dolor,
con el elíxir de la luna
celestes gotas de Dios...)

Pasa un murciélago.
Pasa una mosca. Un moscardón.
Una abeja en el crepúsculo.
No pasa nada.
La muerte llegó.

XXV

MELANCOLIA

A Domingo Bolívar.

Hermano, tú que tienes la luz, díme la mía.
Soy como un ciego. Voy sin rumbo y ando a tientas.
Voy bajo tempestades y tormentas
ciego de ensueño y loco de armonía.

Ese es mi mal. Soñar. La poesía
es la camisa férrea de mil puntas crüentas

que llevo sobre el alma. Las espinas sangrientas
dejan caer las gotas de mi melancolía.

Y así voy, ciego y loco, por este mundo amargo;
a veces me parece que el camino es muy largo,
y a veces que es muy corto...

Y en este titubeo de aliento y agonía,
cargo lleno de penas lo que apenas soporto.
¿No oyes caer las gotas de mi melancolía?

XXVI

¡ALELUYA!

A Manuel Machado.

Rosas rosadas y blancas, ramas verdes,
corolas frescas, y frescos
ramos, ¡Alegría!

Nidos en los tibios árboles,
huevos en los tibios nidos,
dulzura, ¡Alegría!

El beso de esa muchacha
rubia, y el de esa morena,
y el de esa negra, ¡Alegría!

Y el vientre de esa pequeña
de quince años, y sus brazos
armoniosos, ¡Alegría!

Y el aliento de la selva virgen,
y el de las vírgenes hembras,
y las dulces rimas de la Aurora,
¡Alegría, Alegría, Alegría!

XXVII

DE OTOÑO

Yo sé que hay quienes dicen: ¿Por qué no canta ahora
con aquella locura armoniosa de antaño?
Esos no ven la obra profunda de la hora,
la labor del minuto y el prodigio del año.

Yo, pobre árbol, produje, el amor de la brisa,
cuando empecé a crecer, un vago y dulce son.
Pasó ya el tiempo de la juvenil sonrisa:
¡dejad al huracán mover mi corazón!

XXVIII

A GOYA

Poderoso visionario,
raro ingenio temerario,
por ti enciendo mi incensario.

Por ti, cuya gran paleta,
caprichosa, brusca, inquieta,
debe amar todo poeta;

por tus lóbregas visiones,
tus blancas irradiaciones,
tus negros y bermellones;

por tus colores dantescos,
por tus majos pintorescos
y las glorias de tus frescos.

Porque entra en tu gran tesoro
el diestro que mata al toro,
la niña de rizos de oro,

y con el bravo torero,
el infante, el caballero,
la mantilla y el pandero.

Tu loca mano dibuja
la silueta de la bruja
que en la sombra se arrebuja,

y aprende una abracadabra
del diablo patas de cabra
que hace una mueca macabra.

Musa soberbia y confusa,
ángel, espectro, medusa:
tal aparece tu musa.

Tu pincel asombra, hechiza:
ya en sus claros electriza,
ya en sus sombras sinfoniza;

con las manolas amables,
los reyes, los miserables,
o los cristos lamentables.

En tu claroscuro brilla
la luz muerta y amarilla
de la horrenda pesadilla,

o hace encender tu pincel
los rojos labios de miel
o la sangre del clavel.

Tienen ojos asesinos
en sus semblantes divinos
tus ángeles femeninos.

Tu caprichosa alegría
mezclaba la luz del día
con la noche obscura y fría.

Así es de ver y admirar
tu misteriosa y sin par
pintura crepuscular.

De lo que da testimonio:
por tus frescos, San Antonio;
por tus brujas, el demonio.

XXIX

CARACOL

A Antonio Machado.

En la playa he encontrado un caracol de oro
macizo y recamado de las perlas más finas;
Europa le ha tocado con sus manos divinas
cuando cruzó las ondas sobre el celeste toro.

He llevado a mis labios el caracol sonoro
y he suscitado el eco de las dianas marinas;
le acerqué a mis oídos, y las azules minas
me han contado en voz baja su secreto tesoro.

Así la sal me llega de los vientos amargos
que en sus hinchadas velas sintió la nave Argos
cuando amaron los astros el sueño de Jasón;

y oigo un rumor de olas y un incógnito acento
y un profundo oleaje y un misterioso viento...
(El caracol la forma tiene de un corazón.)

XXX

AMO, AMAS...

Amar, amar, amar, amar siempre, con todo
el ser y con la tierra y con el cielo,
con lo claro del sol y lo obscuro del lodo:
amar por toda ciencia y amar por todo anhelo.

Y cuando la montaña de la vida
nos sea dura y larga y alta y llena de abismos,
amar la inmensidad que es de amor encendida
¡y arder en la fusión de nuestros pechos mismos!

XXXI

SONETO AUTUMNAL,
AL MARQUES DE BRADOMIN

Marqués (como el Divino lo eres), te saludo.
Es el Otoño, y vengo de un Versalles doliente.
Había mucho frío y erraba vulgar gente.
El chorro de agua de Verlaine estaba mudo.

Me quedé pensativo ante un mármol desnudo,
cuando vi una paloma que pasó de repente,
y por caso de cerebración inconsciente
pensé en ti. Toda exégesis en este caso eludo.

Versalles otoñal; una paloma; un lindo
mármol; un vulgo errante, municipal y espeso;
anteriores lecturas de tus sutiles prosas;

la reciente impresión de tus triunfos... Prescindo
de más detalles para explicarte por eso
cómo, autumnal, te envió este ramo de rosas.

XXXII

NOCTURNO

A Mariano de Cavia.

Los que auscultasteis el corazón de la noche,
los que por el insomnio tenaz habéis oído
el cerrar de una puerta, el resonar de un coche
lejano, un eco vago, un ligero rüido...

En los instantes del silencio misterioso,
cuando surgen de su prisión los olvidados,
en la hora de los muertos, en la hora del reposo,
sabréis leer estos versos de amargor impregnados...

Como en un vaso vierto en ellos mis dolores
de lejanos recuerdos y desgracias funestas,
y las tristes nostalgias de mi alma, ebria de flores,
y el duelo de mi corazón, triste de fiestas.

Y el pesar de no ser lo que yo hubiera sido,
la pérdida del reino que estaba para mí,
el pensar que un instante pude no haber nacido,
¡y el sueño que es mi vida desde que yo nací!

Todo esto viene en medio del silencio profundo
en que la noche envuelve la terrena ilusión,
y siento como un eco del corazón del mundo
que penetra y conmueve mi propio corazón.

XXXIII

URNA VOTIVA

A Lamberti.

Sobre el caro despojo esta urna cincelo:
un amable frescor de inmortal siempreviva
que decore la greca de la urna votiva
en la copa que guarda rocío del cielo;

una alondra fugaz sorprendida en su vuelo
cuando fuese a cantar en la rama de oliva,
una estatua de Diana en la selva nativa
que la Musa Armonía envolviera en su velo.

Tal, si fuese escultor, con amor cincelara
en el mármol divino que me brinda Carrara,
coronando la obra una lira, una cruz;

y sería mi sueño, al nacer de la aurora,
contemplar, en la faz de una niña que llora,
una lágrima llena de amor y de luz.

XXXIV

PROGRAMA MATINAL

¡Claras horas de la mañana
en que mil clarines de oro
dicen la divina dïana!
¡Salve al celeste Sol sonoro!

En la angustia de la ignorancia
de lo porvenir, saludemos
la barca llena de fragancia
que tiene de marfil los remos.

Epicúreos o soñadores,
amemos la gloriosa Vida,
siempre coronados de flores
¡y siempre la antorcha encendida!

Exprimamos de los racimos
de nuestra vida transitoria
los placeres por que vivimos
y los champañas de la gloria.

Devanemos de amor los hilos,
hagamos, porque es bello, el bien,
y después durmamos tranquilos
y por siempre jamás. Amén.

XXXV

IBIS

Cuidadoso estoy siempre ante el Ibis de Ovidio,
enigma humano tan ponzoñoso y süave
que casi no pretende su condición de ave
cuando se ha conquistado sus terrores de ofidio.

XXXVI

THANATOS

En medio del camino de la vida...
dijo Dante. Su verso se convierte:
En medio del camino de la muerte.

Y no hay que aborrecer a la ignorada
emperatriz y reina de la Nada.
Por ella nuestra tela está tejida,
y ella en la copa de los sueños vierte
un contrario nepente: ¡ella no olvida!

XXXVII

OFRENDA

Bandera que aprisiona
el aliento de Abril,
    corona
tu torre de marfil.

Cual princesa encantada,
eres mimada por
    un hada
de rosado color.

Las rosas que tú pises
tu boca han de envidiar;
    los lises,
tu pureza estelar.

Carrera de Atalanta
lleva tu dicha en flor;
   y canta
tu nombre un ruiseñor.

Y si meditabunda
sientes pena fugaz,
   inunda
luz celeste tu faz.

Ronsard, lira de Galia,
te daría un rondel;
   Italia
te brindara el pincel,

para que la corona
tuviese, celestial
   Madona,
en un lienzo inmortal.

Ten el laurel cariño,
hoy, cuando aspiro a que
vaya a ornar tu corpiño
mi rimado *bouquet*.

XXXVIII

PROPOSITO PRIMAVERAL

A Vargas Vila.

A saludar me ofrezco y a celebrar me obligo
tu triunfo, Amor, al beso de la estación que llega
mientras el blanco cisne del lago azul navega
en el mágico parque de mis triunfos testigo.

Amor, tu hoz de oro ha segado mi trigo;
por ti me halaga el suave son de la flauta griega,
y por ti Venus pródiga sus manzanas me entrega
y me brinda las perlas de las mieles del higo.

En el erecto término coloco una corona
en que de rosas frescas la púrpura detona;
y en tanto canta el agua bajo el boscaje obscuro,

junto a la adolescente que en el misterio inicio
apuraré, alternando con tu dulce ejercicio,
las ánforas de oro del divino Epicuro.

XXXIX

LETANIAS DE NUESTRO SEÑOR
DON QUIJOTE

A Navarro Ledesma.

Rey de los hidalgos, señor de los tristes,
que de fuerza alimentas y de ensueños vistes,
coronado de áureo y yelmo de ilusión;
que nadie ha podido vencer todavía,
por la adarga al brazo, toda fantasía,
y la lanza en ristre, toda corazón.

Noble peregrino de los peregrinos,
que santificaste todos los caminos
con el paso augusto de tu heroicidad,
contra las certezas, contra las conciencias,
y contra las leyes y contra las ciencias,
contra la mentira, contra la verdad...

Caballero errante de los caballeros,
barón de varones, príncipe de fieros,
par entre los pares, maestro, ¡salud!
¡Salud, porque juzgo que hoy muy poca tienes,
entre los aplausos o entre los desdenes,
y entre las coronas y los parabienes
y las tonterías de la multitud!

¡Tú, para quien pocas fueron las victorias
antiguas, y para quien clásicas glorias
serían apenas de ley y razón,

soportas elogios, memorias, discursos,
resistes certámenes, tarjetas, concursos,
y, teniendo a Orfeo, tienes a orfeón!

Escucha, divino Rolando del sueño,
a un enamorado de tu Clavileño,
y cuyo Pegaso relincha hacia ti;
escucha los versos de estas letanías,
hechas con las cosas de todos los días
y con otras que en lo misterioso vi.

¡Ruega por nosotros, hambrientos de vida,
con el alma a tientas, con la fe perdida,
llenos de congojas y faltos de sol;
por advenedizas almas de manga ancha,
que ridiculizan el ser de la Mancha,
el ser generoso y el ser español!

¡Ruega por nosotros, que necesitamos
las mágicas rosas, los sublimes ramos
de laurel! *Pro nobis ora,* gran señor.
(Tiemblan las florestas de laurel del mundo,
y antes que tu hermano vago, Segismundo,
el pálido Hámlet te ofrece una flor.)

Ruega generoso, piadoso, orgulloso;
ruega, casto, puro, celeste, animoso;
por nos intercede, suplica por nos,
pues casi ya estamos sin savia, sin brote,
sin alma, sin vida, sin luz, sin Quijote,
sin pies y sin alas, sin Sancho y sin Dios.

De tantas tristezas, de dolores tantos,
de los superhombres de Nietzsche, de cantos
áfonos, recetas que firma un doctor,
de las epidemias de horribles blasfemias
de las Academias,
¡líbranos, señor!

De rudos malsines,
falsos paladines,
y espíritus finos y blandos y ruines,
del hampa que sacia
su canallocracia
con burlar la gloria, la vida, el honor,
del puñal con gracia,
¡líbranos, señor!

Noble peregrino de los peregrinos,
que santificaste todos los caminos
con el paso augusto de tu heroicidad,
contra las certezas, contra las conciencias
y contra las leyes y contra las ciencias,
contra la mentira, contra la verdad...

¡Ora por nosotros, señor de los tristes,
que de fuerza alientas y de sueños vistes,
coronado de áureo yelmo de ilusión;
que nadie ha podido vencer todavía,
por la adarga al brazo, toda fantasía,
y la lanza en ristre, toda corazón!

XL

ALLA LEJOS

Buey que vi en mi niñez echando vaho un día
bajo el nicaragüense sol de encendidos oros,
en la hacienda fecunda, plena de la armonía
del trópico; paloma de los bosques sonoros
del viento, de las hachas, de pájaros y toros
salvajes, yo os saludo, pues sois la vida mía.

Pesado buey, tú evocas la dulce madrugada
que llamaba a la ordeña de la vaca lechera,
cuando era mi existencia toda blanca y rosada;
y tú, paloma arrulladora y montañera,
significas en mi primavera pasada
todo lo que hay en la divina Primavera.

XLI

LO FATAL

A René Pérez.

Dichoso el árbol que es apenas sensitivo,
y más la piedra dura, porque ésta ya no siente,
pues no hay dolor más grande que el dolor de ser vivo,
ni mayor pesadumbre que la vida consciente.

Ser, y no saber nada, y ser sin rumbo cierto,
y el temor de haber sido y un futuro terror...

Y el espanto seguro de estar mañana muerto,
y sufrir por la vida y por la sombra y por

   lo que no conocemos y apenas sospechamos,
y la carne que tienta con sus frescos racimos
y la tumba que aguarda con sus fúnebres ramos,
¡y no saber adónde vamos,
ni de dónde venimos…!

CONCLUSION

EN TORNO AL CONCEPTO DE MODERNISMO

1. La serie o tradición de la *lírica moderna* en España constituye un desarrollo cuyo despliegue va de un autor como Bécquer a los hombres del veintisiete. Bécquer, en efecto, Rubén (comúnmente adscrito a la literatura española), Manuel y Antonio Machado, Juan Ramón, y todo el 27, son nombres de esa serie dotada de unicidad y coherencia a la que vamos a llamar lírica moderna.

A su vez, esta poesía no constituye sino uno de los datos que configuran la magna creación cultural de la Edad de Plata (1868-1936). [1] La primera de las generaciones de la época es la de Bécquer (nacido en 1836), y luego se suceden la de 1883, la de Rubén y los Machado, la de Juan Ramón, y la del veintisiete. [2] La trayectoria de la creación lírica, según decimos, presenta una entidad suficiente-

---

[1] En un sentido más restringido se ha referido a este momento, llamándolo así, J. C. Mainer: *La edad de plata (1902-1931)* (Barcelona, 1975). Sin duda, la complejidad de tendencias y creaciones durante el período requerirá una investigación de envergadura.

[2] Para esta última, vid. el planteamiento de J. M. Rozas, *El 27 como generación,* Santander, 1978; así como un principio de caracterización desde el noventaiocho hasta el veintisiete, en F. Abad, «Interpretación

mente unitaria como para permitir su estudio global. Bécquer ya creó un objeto poético nuevo distante de Espronceda, Zorrilla o Campoamor; coetáneo de Mallarmé y Verlaine, fue de hecho un simbolista, y muchos de los rasgos de su traza están presentes luego en los autores de esta lírica moderna. En efecto, la poética de Baudelaire, Verlaine y Mallarmé preside operativamente el desarrollo de la poesía española de la Edad de Plata. [3]

La compleja urdimbre de pensamiento y estética de este medio siglo integra distintas tendencias: simbolismo, prerrafaelismo, vanguardia, y por otra parte pensamiento krausista, del regeneracionismo, noventaiocho, fenomenología... Desde el punto de vista literario, el diverso despliegue se realiza en una búsqueda de la belleza, de la pura forma artística; el registro de emociones es distinto, pero en todas se da un intenso sentimiento de lo bello.

Lo que aquí estamos proponiendo llamar lírica (española) moderna, en definitiva, es la secuencia que va de Bécquer al veintisiete; toda ella está impregnada, por debajo de los diferentes resultados, de un puro anhelo de creación artística, de un anhelo de obra bella, y por la impronta simbolista podría ser llamada así. Preferimos, no obstante, el nombre indicado de lírica moderna que comprende las distintas estéticas convergentes.

del ensayo español contemporáneo», *Estudios ofrecidos a Emilio Alarcos Llorach,* II, Oviedo, 1978, pp. 297-310: pp. 298-304.

Sobre el criterio historiográfico de establecimiento de generaciones, cfr. J. Vicens Vives, *Obra Dispersa,* II, Barcelona, 1967, pp. 523-529.

[3] Comp.: «Las tres figuras principales del simbolismo francés: Baudelaire, Verlaine y Mallarmé, influyen y dan nuevo rumbo también a la poesía de Italia, Inglaterra y otros países» (R. Ferreres, «Los límites del modernismo y la generación del noventa y ocho», en L. Litvak, ed., *El Modernismo,* Madrid, 1975, pp. 29-49; p. 44).

2. Parte de la crítica ha entrevisto esta entidad cerrada, unitaria, de la poesía española posterior al Romanticismo y hasta la guerra civil, y llama a toda la secuencia Modernismo. Es la postura que puede seguirse, por ejemplo, en Iván Schulman. [4]

Schulman se muestra de acuerdo con la idea de Juan Ramón (1935) de considerar lo modernista como actitud que puede cristalizar en formas distintas, en una creación poética diversificada; efectivamente, Juan Ramón se expresaba así, cuando ya existía una cierta perspectiva de todo el movimiento poético moderno (modernista): «Aquí, en España, la gente nos puso ese nombre de modernistas por nuestra actitud. Porque lo que se llama modernismo no es cosa de escuela ni de forma, sino de actitud. Era el encuentro de nuevo con la belleza sepultada durante el siglo XIX por un tono general de poesía burguesa. Eso es el modernismo: un gran movimiento de entusiasmo y libertad hacia la belleza». [5] En esta traza, Schulman —de acuerdo también con R. Gullón— delimita cronológicamente la existencia de un medio siglo modernista, medio siglo de «literatura proteica». [6] Además, el afán por la forma pura literaria se perpetúa —cree— en la narrativa hispanoamericana de hoy, que ofrece «una insistencia sobre la perfección de la forma, una preocupación poética y estética»; [7] si esto es así, y —por ejemplo— «hasta las palabrotas se convierten en elemento rítmico, ... en su función de sonido, de creación de atmósfera», «el modernismo americano... se prolonga, y

---

[4] I. A. Schulman, «Reflexiones en torno a la definición del modernismo», en L. Litvak, ed., pp. 65-95.

[5] *La Voz*, 3-III-1935. Testimonio recogido por Schulman, p. 65.

[6] *Ibíd.*, p. 74.

[7] *Ibíd.*, p. 91.

su ascendencia y legado se perciben más allá de los límites temporales de su período de mayor florecimiento». [8] En definitiva, la lírica moderna española es aquella que vino a recoger Federico de Onís en su *Antología,* donde ya hizo notar cómo el período vanguardista lleva a consecuencias últimas principios del modernismo. [9]

Schulman, por fin, caracteriza la estética modernista por lo que llama su *sincretismo* de todas formas de lírica, romántica o decadentista; [10] así, «casi todos los modernistas, en su afán por ensanchar la expresividad del español literario, ... enriquecieron la lengua: el color, ... ritmos desusados, ... transposiciones pictóricas, estructuras impresionistas... Sirviéndose de estos novedosos recursos, los modernistas crearon el multifacético arte en prosa y verso que tildamos de *epocal y sincrético».* [11]

El sentido, pues, en que Juan Ramón, Gullón o Schulman interpretan el concepto de Modernismo es histórico-genérico; específicamente, lo opone al noventaiocho Guillermo Díaz Plaja. [12] Para él, ambos movimientos, a pesar de su aproximado sincronismo, «constituyen dos posiciones radicalmente distintas y separadas, dos concepciones diversas de la vida [''ideológicas''] y del arte»; [13] así, por ejemplo, sustentan respectivamente las concepciones espirituales del *castellano* y la *mediterraneidad:*

[8] *Ibíd.,* p. 92.
[9] *Ibíd.,* pp. 90-91.
[10] *Ibíd.,* p. 75.
[11] *Ibíd.,* p. 90. Subrayamos nosotros.
[12] Un resumen de cuestiones puede verse en su libro *Las lecciones amigas* (Barcelona, 1967), del que importan para este propósito los capítulos «Modernismo frente a noventa y ocho» y —complementariamente— «El antimodernismo de Miguel de Unamuno», «Antonio Machado en Baeza» y «El regionalismo estético de Juan Ramón Jiménez».
[13] *Op. cit.,* p. 168.

«El castellanismo es la expresión estética que corresponde a la España interior: expresión... estimadora de los valores morales, ... preocupada por la trascendencia de las cosas en derredor, por lo que el paisaje está vivido siempre en función de realidades ulteriores (... la emoción patriótica, el significado económico de la tierra, etc.). Por el contrario, las Españas litorales sienten el halago de las formas del mundo exterior, válidas en su sensual realidad, incitadoras como fuente de goce y de armonía. Pues bien: el Noventa y Ocho es el reflejo de la castellanidad como el Modernismo es la expresión del mediterraneísmo.» [14]

Hay que adscribir al 98 los nombres de Ganivet, Unamuno, Azorín, Baroja, Maeztu, y Antonio Machado, mientras que los modernistas son Rubén Darío, Benavente, Valle-Inclán, Manuel Machado, Marquina, Martínez Sierra y Juan Ramón. [15] Díaz Plaja, además, establece una ordenación aclaradora del desarrollo de los hechos deslindando sucesivas promociones, a saber:

> Generación del Noventa y Ocho: Primera promoción: Unamuno, Ganivet. Segunda promoción: Baroja, Azorín, Maeztu, Antonio Machado.

> Generación Modernista: Primera promoción: Benavente, Darío, Valle-Inclán. Segunda promoción: Manuel Machado, Villaespesa, Marquina. [16]

[14] *Ibíd.,* p. 170, y comp. p. 177. De ahí que el modernista Juan Ramón Jiménez se propusiese la exaltación de Andalucía a lo universal, rechazando «de una manera instintiva, y por ello violenta», «uno de los tópicos más caros de Unamuno, Azorín y Antonio Machado, típicos representantes de la generación del Noventa y Ocho»: la exaltación de Castilla *(ibíd.,* pp. 112-113).

[15] *Ibíd.,* p. 168.

[16] *Ibíd.,* p. 171.

Y debe tenerse en cuenta, así mismo, «que la primera promoción modernista se sitúa en el tiempo entre la primera y la segunda promoción noventaiochista». [17]

Actitudes y temática parecen distinguir al 98 y al Modernismo. Castellanidad o mediterraneidad no son sino concreciones de actitudes más de raíz: «El grupo noventaiochista es un grupo de sociólogos que proceden en general ... del anarquismo, en su forma ... de vago idealismo. Por el contrario, la generación del Modernismo procede del estetismo. Sienten unos la necesidad de un intervencionismo sobre la sociedad española, desde las inmediatas urgencias del apoyo a la huelga y el mitin hasta los problemas más generales de la política española. Se desinteresan los otros de cuanto esté alejado del yo, bien ... ausente del vulgo "municipal y espeso". Huyendo de una realidad que les produce náuseas, inciden los modernistas en una suerte del idealismo neorromántico... No pueden ser meros oponentes circunstanciales los hijos de Larra, de Prudhon, de Nietzsche, y los de la trilogía Poe-Baudelaire-Verlaine.» [18] A su vez, este diferente *background* doctrinario lleva a unos y otros a la distinta concepción del motivo del tiempo; «el Noventa y Ocho se caracteriza por una valoración estética —y filosófica— del Tiempo, mientras el Modernismo se define por una estimación estética —y sensorial— del Instante». [19]

Casos paradigmáticos de la diversidad entre 98 y modernistas, según la argumentación que estamos extrac-

[17] *Ibíd.*
[18] *Ibíd.*, p. 172. Vid. Igualmente p. 44.
[19] *Ibíd.*, p. 177. Cfr., comprobadoramente, el bellísimo *Castilla* de Azorín, ahora editado con orientador prólogo por J. M. Rozas (Barcelona, 1973).

tando de Díaz Plaja, son lo de Juan Ramón —ya aludido—, Unamuno o Antonio Machado. Don Miguel, en efecto, proclama el rechazo de Góngora («Poetas hay ya en nuestra lengua, ya en otras, que creo me darán más contento que Góngora, y me costará menos leerlo. Me quedo, pues, sin Góngora»), caso en que el juicio positivo define a los modernistas, [20] y expresa un ideal lírico de poesía «pelada pero ardiente», «poesía de salmo», [21] para declarar: «Me producen [los Modernistas] en conjunto una impresión de... molicie, de indecisión, de vaguedad y de desorientación... Yo creo que no habrá redención para nuestras letras mientras que el literato no sienta todo lo que de sacerdocio debe haber en su función social». [22]

En Antonio Machado, por otra parte, son visibles una doctrina antibarroca [23] y denuestos e ironías contra el Modernismo: Adoro la hermosura —escribió en su *Retrato*—,

> y en la moderna estética
> corté las viejas rosas del huerto de Ronsard;
> mas no amo los afeites de la actual cosmética,
> ni soy un ave de esas del nuevo gay-trinar.
> Desdeño las romanzas de los tenores huecos
> y el coro de los grillos que cantan a la luna.

. . . .

[20] *Las lecciones...*, p. 47.

[21] *Ibíd.*, p. 55.

[22] *Ibíd.*, p. 49. Cfr. la matizada interpretación de R. Pérez de la Dehesa, *Política y sociedad en el primer Unamuno, 1894-1904,* Madrid, 1966, pp. 157 ss., y comp. L. Litvak, «Ruskin y el sentimiento de la naturaleza en las obras de Unamuno», *CCMU* (Salamanca), XXIII. 1973, pp. 211-220, esp. p. 220.

[23] Pero vid. la también matizada interpretación que incluye E. Orozco en su *Manierismo y Barroco,* Salamanca, 1970.

> ¿Soy clásico o romántico? No sé. Dejar quisiera
> mi verso, como deja el capitán su espada:
> famosa por la mano viril que la blandiera,
> no por el docto oficio del forjador preciada. [24]

Juan de Mairena ve también en culteranismo y conceptismo la expresión de una oquedad que se explica por el empobrecimiento del alma española; [25] «los defectos que Mairena achaca al Barroco —concluye interpretativamente el propio D. Plaja— («pobreza de intuición», «culto a lo artificioso y desdeño de lo natural», «culto a la expresión indirecta, perifrástica», «carencia de gracia», «culto supersticioso a lo aristocrático») podrían aplicarse, uno por uno, a la estética del Modernismo. Pues, ¿no es el Modernismo la manera de ser barroca la literatura del siglo XX?» [26]

3. Otra crítica ha subrayado la continuidad entre noventaiocho y modernistas, en particular Rafael Ferreres; [27] esta postura se integra en la de creadores como Juan Ramón y críticos como Gullón o Schulman, que ya habíamos visto. Ferreres va de una interpretación drástica, según la cual Modernismo y 98 constituyen «dos actitudes literarias y vitales bastante afines», [28] a conclusiones más matizadas, en convergencia con Dámaso Alonso; para uno y otro «*modernismo y actitud del 98*... se pueden mezclar o combinar en un mismo poeta o

---

[24] Vid. *Las lecciones...,* pp. 50, 99 ss.

[25] Cfr. el texto de Ortega traído a colación por Díaz Plaja (p. 100), e igualmente J. L. Alborg, *Historia de la literatura española,* III, Madrid, 1975, pp. 11 ss.

[26] *Las lecciones...,* p. 101.

[27] *Los límites...*

[28] *Ibíd.,* p. 29.

en un mismo poema», [29] de modo que «hay en nuestros poetas y prosistas de finales de siglo pasado y comienzos del actual una división en su obra, pero... no en unos años una actitud y luego otra, sino a través de toda la vida». [30] Como pruebas de su argumentación, R. Ferreres declara que se da bastante coincidencia entre las palabras más esenciales y más usadas por Verlaine y las de nuestros escritores del 98 y modernistas, [31] e igualmente cita textos verlainianos de Unamuno:

> dejad caer en mi alma las palabras
> sonoramente
> . . . .
>
> Oh la primaveral verde tibieza
> que en mi pecho metiéndose susurra
> secretos a mi oído. [32]

La idea que ya arranca de Pedro Salinas, y luego asumen Dámaso Alonso y Rafael Ferreres, de que la diferencia entre modernistas y noventaiochistas es pura cuestión

---

[29] *Ibíd.,* p. 31.

[30] *Ibíd.,* p. 49. No parece totalmente satisfactoria, en cambio, la idea de don Dámaso (recogida *ibíd.,* p. 30) de que Modernismo es ante todo una técnica, y la postura del 98 una visión del mundo; las formas literarias resultado de las técnicas de escribir guardan, en el límite, una rigurosa correspondencia con las sustancias del contenido.

[31] *Ibíd.,* p. 46. Comp. igualmente el hecho señalado por E. García Girón («La azul sonrisa. Disquisición sobre la adjetivización modernista», en L. Litvak, ed., pp. 121-141: pp. 135-137), de que en el modernismo «el cosmopolitismo y el exotismo temático lo representan neologismos de fuentes variadas; vocabulario técnico de las artes y las ciencias, ... galicismos, el uso... el sentido etimológico, etc.». Una interpretación teórica de vocabulario y poesía en F. Abad, *Lexicología y Poética,* en prensa en *RSEL* (Madrid).

[32] *Ibíd.,* p. 43 *n.*

de posología («en tal autor, la dosis 98 predominará notablemente sobre la modernista; en otros sucederá a la inversa») la recoge a su vez, pedagógicamente, F. Lázaro. [33] Lázaro se refiere globalmente a una disidencia de los últimos años del siglo XIX que «adopta un signo declaradamente antiburgués, aunque, en realidad, nazca de medios burgueses». «En arte —relata—, se tiende a liberar las formas, a hacer que el color, el sonido o la palabra pierdan su tradicional valor funcional y descriptivo, para convertirse sólo en vehículo de belleza; ... interesa... que mancha, sonido y palabra sean bellas por sí mismas, por su brillante combinación, por las emociones estéticas que sugieren, por lo exótico y raro de su contenido.» [34] Por fin, Lázaro se adhiere a la tesis antes aludida, ya que entre los grupos de escritores modernistas y de la generación del 98, concluye, «hay contactos evidentes, por cuanto sus componentes fueron, muchas veces, amigos, compartieron unos mismos credos, unas mismas lecturas, idénticas admiraciones y repulsiones, participaron en actos colectivos, colaboraron en las mismas revistas, etc. Algunos fueron modernistas en su juventud, y evolucionaron después hacia una actitud noventaiochista (Antonio Machado) o hacia otra postura estética nueva (Juan Ramón Jiménez). En otros, coexisten tendencias noventaiochistas y modernistas (Manuel Machado, Benavente). Por fin, hay escritores preferentemente modernistas (Rubén Darío, Valle-Inclán, etc.) o preferentemente noventaiochistas (Unamuno, Baroja, «Azorín», Maeztu)». [35]

[33] *Literatura española contemporánea*, Madrid, 1966, pp. 117 ss.
[34] *Ibíd.*, p. 118.
[35] *Ibíd.*, pp. 121-122.

Junto al concepto genérico de Modernismo como estructura cultural, y al más específico que lo identifica con una actitud ideológica y doctrina literaria, en el sentido doctrinal-religioso viene a significar entre nosotros krausismo. Eduard Valentí i Fiol lo nota en su bella tesis doctoral: [36] «Si queremos encontrar en nuestro país algo que se parezca a las tendencias, afanes e ilusiones que al final se concretaron en el modernismo condenado por Pío X, hemos de salir, no ya de la esfera eclesiástica, sino del catolicismo confesional, y buscarlo entre los pensadores liberales... La situación es bastante clara... en los intelectuales de filiación krausista.» [37] Además, Valentí subraya, en coincidencia con Díaz Plaja, la convergencia de sensibilidad e ideología entre los intelectuales del krausismo español y los creadores literarios del modernismo; unos y otros coinciden en la postura antitradicional, la sustitución de los dogmas por actos de sinceridad interior, la valoración de las formas intuitivas por encima de las racionales, el culto al misterio como campo de la intimidad efusiva, etc. [38]

[36] E. Valentí i Fiol, *El primer modernismo literario catalán y sus fundamentos ideológicos,* Barcelona, 1973.

[37] *Ibíd.,* p. 55. Y apostilla también: «La similitud de las doctrinas de Sanz del Río y sus adeptos, pero sobre todo la de su actitud espiritual, con las doctrinas y el espíritu de los modernistas, fue ya percibida y bien descrita por el primer historiador del krausismo español, el abate Pierre Jobit», del que recoge, en efecto, un párrafo *(ibíd.).*

[38] *Ibíd.,* p. 30. En el ámbito religioso-eclesiástico, «los modernistas constituían una minoría animada por el barrunto de que se estaba preparando algo muy nuevo y exaltante. La nueva reconciliación entre el hombre actual y el cristianismo había de señalar el despuntar de una nueva aurora. No se trataría sólo de una transformación social en el sentido del evangelio, ni de una renovación intelectual en la que la razón y la fe coexistirían en armonía fertilizándose mutuamente, sino del advenimiento de una nueva era para la humanidad, en su conjunto» *(ibíd.,* p. 54).

4. La voz *modernismo,* a fines del siglo XIX, «sirvió para designar la introducción de modelos franceses en detrimento de los clásicos». [39] En efecto, el movimiento se inscribe en la serie artística de parnasianismo, simbolismo, impresionismo... [40] José Carlos Mainer sintetiza que con el parnasianismo llegó a los modernistas la obsesión por la belleza exótica; el simbolismo habría venido a suponer, convergentemente, el designio (mallarmeano) de expresión de «la idea pura de belleza mediante la complicidad de imágenes». [41] De ahí también, por ejemplo, el valor musical (sensorial) prestado a la sustancia lingüística de la obra poética. [42]

Con frecuencia, además, el colorido modernista refleja la paleta del impresionismo. Edmundo García Girón ha destacado pasajes como éstos:

> Aquí hay luz, vida. Hay un mar
> *de cobalto* aquí, ...
> *(R. Darío.)*

> Todo el ocaso es *amarillo limón.*
> *(J. R. Jiménez.)*

> *Azul de Prusia* son las figuras
> Y *de albayalde* las cataduras.
> *(Valle-Inclán.)* [43]

Los modernistas expresan todos los matices posibles de la sensación, valiéndose para ello de una plétora adje-

---

[39] *Ibíd.,* p. 21.
[40] Comp. I. Schulman, *Reflexiones...,* p. 78.
[41] J. C. Mainer, *Atlas de literatura latinoamericana (Siglo XX),* Barcelona, 1974, p. 4 a-b.
[42] Díaz Plaja, *Las lecciones...,* pp. 45, 173.
[43] *La azul...,* pp. 134-135.

tival. «La poesía modernista usa más adjetivos que la romántica ... Espronceda, el Duque de Rivas y Heredia emplean el adjetivo a razón de 0.64, 0.74 y 0.73 por verso, mientras que el promedio de las poesías de Darío, Valle-Inclán, Manuel Machado y Jaimes Freyre es, respectivamente, 0.88, 0.68, 0.82 y 0.82. La diferencia es aún más notable en la adjetivación del soneto: Darío, 0.94; Valle-Inclán, 0.85; Machado, 0.99; Jaimes Freyre, 0.84... Sólo hay un poeta en castellano que comparte el gusto modernista por el adjetivo: Góngora... Diez sonetos de éste contienen una densidad de 0.90 adjetivos por verso.» [44] De modo que «la poesía modernista, como la romántica, por su índole *emotiva,* es intensamente *lírica* e *íntima,* por su análisis *afectivo* de la realidad, en cambio, es *externa* y *sensorial;* por su técnica y temática, en fin, la poesía modernista, como la barroca, es *artística, literaria, ornamental* y, a veces, *hermética*». [45] La psicología y estética de sus creadores incluye el cosmopolitismo, exotismo, individualismo, esteticismo, pesimismo, escepticismo, amoralidad, melancolía, ... [46]

Francisco ABAD NEBOT.

---

[44] *Ibíd.,* p. 140.
[45] *Ibíd.,* p. 141. Y comp.: «*La poesía modernista utiliza más recursos poéticos... que el romanticismo.* Aunque los dos movimientos consideran que la esencia de la poesía es nuestra emoción, ... el romanticismo, convencido de que la emoción en sí es poética, muestra un profundo desdén por la forma; *el modernismo, en cambio, se hace cargo de que la emoción es poética sólo en la medida en que es comunicable, y que para ser comunicable la emoción requiere forma*» *(ibíd.,* p. 130).
[46] *Ibíd.,* pp. 121, 141.

ÚLTIMOS TÍTULOS PUBLICADOS